谨以此书献给我亲爱的父亲、母亲及我的家人，

是他们对我无条件的爱与包容，让我看到了世界的美好。

# 教练的修为

## 一位中国MCC的教练之道实录

叶世夫 ／ 著

教练是一门读懂人心、通达人性的学问

是鼓励人们活出真实自我、发挥自然天赋的艺术

是与自我、与他人、与世界系统平衡和谐的智慧

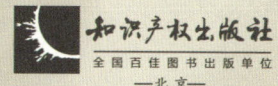

知识产权出版社

全国百佳图书出版单位

—北京—

**图书在版编目（CIP）数据**

教练的修为：一位中国MCC的教练之道实录／叶世夫著.— 北京：知识产权出版社，2021.7
（2023.8重印）

ISBN 978-7-5130-7543-5

Ⅰ.①教… Ⅱ.①叶… Ⅲ.①企业管理—管理心理学 Ⅳ.①F272-05

中国版本图书馆 CIP 数据核字（2021）第 106891 号

**内容提要**

本书是作者在教练实践中的所思所想。每一篇文字都是作者在给客户做完教练后的感悟，代表了作者当时当下的感受与思考。

本书包含八辑，分别记录作者在教练实践中八个维度的思考。从第一辑"相信的力量"、第二辑"聚焦目标"、第三辑"当下与联结"、第四辑"创造觉察"、第五辑"教练的修为"、第六辑"与客户共舞"、第七辑"教练之路"到第八辑"教练感悟"，表达了作者对教练核心能力的理解、教练修为内涵的阐述，以及走上教练之路的内心修炼。

本书主要是写给那些对教练技术感兴趣的人看的。但如果读者从自我发展的角度去看这本书，也会从中获益。教练这门学问是人们自我发展、自我了解的很好的智慧。教练技术本身就是很高级别的沟通艺术。

| | |
|---|---|
| 责任编辑：张水华 | 责任校对：谷 洋 |
| 封面设计：臧 磊 | 责任印制：刘译文 |

# 教练的修为： 一位中国 MCC 的教练之道实录

叶世夫 著

| | | | |
|---|---|---|---|
| 出版发行：知识产权出版社 有限责任公司 | | 网 址：http://www.ipph.cn | |
| 社 址：北京市海淀区气象路50号院 | | 邮 编：100081 | |
| 责编电话：010-82000860转8389 | | 责编邮箱：46816202@qq.com | |
| 发行电话：010-82000860转8101 | | 发行传真：010-82000893 / 82005070 | |
| 印 刷：三河市国英印务有限公司 | | 经 销：各大网络书店、新华书店及相关专业书店 | |
| 开 本：720mm×1000mm 1/16 | | 印 张：17 | |
| 版 次：2021年7月第1版 | | 印 次：2023年8月第3次印刷 | |
| 字 数：240千字 | | 定 价：99.00元 | |

ISBN 978-7-5130-7543-5

# 自 序

# 愿做教练艺术殿堂的门童

2005 年，我走进了教练这门学问的大门。从那时到今天，我都一直在实践中探索这门与人性相关的学问，其间内心有过困惑与怀疑，也有过思索与欣喜，也看到我的很多教练客户因为教练这门学问在人生路上越过了一道又一道的坎，焕发出智慧的光芒。随着实践的深入，我越来越感觉这是一门探索人性本质的艺术，涉及很多与人性相关的学科，具有很大的包容度，对于如何推动一个人的自我发展有着特殊的意义。

教练之所以吸引我是因为它的核心理念：人都是具足的。我感觉这是对人性的极大尊重。很多心理学科的基本理念也是相信人本自具足，教练在此基础上发挥得淋漓尽致，并体现在教练的过程中。在此理念之下，教练鼓励活出真实的自我，绽放自然天赋，鼓励自我负责，鼓励自我与他人、世界系统的平衡与和谐。这样，人就像大自然的每个生命一样，自然地活出内在的自我，活出自己的生命意义。

就像我的一位学生所说：刚刚走进教练这门学问的大门的时候，我以为是一百米赛跑，只要我学会了其中的概念、技巧，我就可以帮助很多人。当我真正修习教练这门学问的时候，我才发现这是一场马拉松赛跑，需要不断地学习与积累，需要在实践当中持续地磨炼自己的心性与提高技能。我发现学习教练技术，其实是在学习如何做人。做教练做到最后，完全可以抛开所有的所谓技能，用一个生命去影响另一个生命。当一个人的修为不够的时候，是无法真正教练他人的。教练的每一个核心能力都在修炼教练自我的心性。于是我发出感慨：学教练就是学做人，人做对了，教练就对了。

在探索教练技术的十多年里，我听了无数生命的故事，被很多人、很多故事所感动。其间我一直期待探索教练技术的核心价值，也就是教练如何帮助一个人触摸到他内在的智慧，推动他的自我发展。我在修炼各种核心能力的过程中寻找答案，似乎感知到一些关键的因素，但也只是九牛一毛。教练的智慧是博大的。

多年来，每当我完成一个教练个案，我都会有所思考，并把自己的所思所想记录在微信里。本书正是我近几年在教练实践中的所思所想。每一篇文字都是我在给客户做完教练后的感悟①，虽然只代表了当时当下的感受与思考，却为我后来做教练提供了很有价值的参考。对于很多学习教练的人来说，我在修炼教练的路上对遇到过的沟沟坎坎的反思也许是有参考价值的。于是我萌生了用此书表达我作为一名教练实践者的思考的想法。

本书包含八辑，分别记录了我在教练实践中八个维度的思考。从第一辑教练的基本理念"相信的力量"，到第八辑"教练感悟"，表达了我对教练核心能力的理解、教练修为内涵的阐述，还有走上教练之路的内心修炼。我觉得"相信"是教练的核心修为。很多人头脑中知道要相信，但实际上很难做到。在第一辑中我描述了自己在"相信"中的理解和实践。第二辑目标思维是教练的基本技能，也是教练效果达成的关键。第三辑"当下与联结"是一种教练状态，其中的含义不仅仅是一种

---

① 文中诸如"今天""昨天"之类的词语，皆是作者写作时的时间，为了表述方便，出版时无改动。——编辑注。

技术，更是一种状态与内心的修为。第四辑"创造觉察"是教练的关键核心能力，需要很多经验的积累。第五辑"教练的修为"综合了教练自我修炼的核心状态，也是对教练角色状态的描述。第六辑是对教练关系中客户与教练关系的描述。第七辑"教练之路"是对期待从事教练工作的人的心路历程的描述。第八辑"教练感悟"是我平时教练客户当中的一些零星的感悟。

　　本书本来是写给那些对教练技术感兴趣的人看的，但完成本书后，我感觉也适合普通读者，因为教练这门学问是人们自我发展、自我了解的极好的智慧。教练技术本身就是高级别的沟通艺术。

　　在完成本书的过程中，我得到了很多人的支持，青叶藤教练中心的各位教练为我提供了很多帮助，特别感恩何明慧、林杰琼两位老师不遗余力地把我多年的微信文字整理出来，从而构成本书的主体。也感恩一些教练前辈们的鼓励，让我有信心把自己粗陋的文字发表出来。

　　教练的学问是一门为人处世的艺术。我一直有个愿望：成为教练艺术殿堂的一名门童，为了让更多的人走进这充满魅力的艺术殿堂尽自己的一点力。希望此书给想更深入了解教练技术的人们一点启发。做好这个门童，就从这本小书开始吧。

叶世夫

2020 年 9 月 15 日

（顺德）青叶藤教练中心

# 推荐序 1

# 同道同行

左 一

初次去上叶老师的教练课，我是带着怀疑和傲慢的。

虽然那时候的我像是一只困兽，想突破却没有办法，但我仍然习惯性地全副武装，假装自己聪明机智、见多识广，而这个很玄乎的教练技术，到底能教会我什么我不知道的呢？又如何帮我突破呢？老师感受到了我的这份怀疑和傲慢，却丝毫没显示出"被冒犯"，反而用慈悲包容了我的幼稚和任性。因为他知道，每个人坚硬的外壳下面都是人性的本初善。我当时的感觉，就好像是雪落在一块很热的石头上立刻被融化了一样。

随后，我有幸作为客户上台参与教练演示。短短十分钟过后，老师轻轻地说："你发现了吗？所以，其实你要的是成长。而不是你一开始在纠结的，要不要开展新业务。"这轻描淡写的一句话，让我看到了底层的渴望，也开启了我的改变。我意识到，只要提升精神的维度，我就完全不会再受困了！

我彻底被老师慈悲无我的状态、春风化雨的教练技术所折服。于是心生期待，希望自己有朝一日也可以成为这样的教练。这两年，我有幸近距离地跟随老师学习。一遍遍打破旧有的模式，一层层丢掉厚重的外壳。与其说学习做一个教练,不如说是学习做一个真实的人。

这本书看起来只是老师的"言",但若仔细体会,文字中也完全包含了他的"身"和"神",正如他对我们的言传身教一样立体、饱满、真实。老师不为彰显自己而表达,而是因为他做到了,所以他才能如此自然地有感而发。

被老师教练的客户,经常有一个感觉,"我有了很深的觉察,但是怎么完全想不起来老师刚刚问了什么?"因为老师大量的反馈和问题不是在思维层面,而是在直觉、感受、潜意识层面。他用整个人与客户同在,完全融入客户的内在世界。即使是客户最细微的能量和情绪起伏,都在他的感知中,了了分明地呈现出来。我们大部分时间只习惯用思维来应对问题,而老师的感受力让客户得以有机会进入自己的直觉,激发潜能。这个力量远超思维,让客户有最切身的触动。经常看到老师为一朵花、一棵草、一只猫驻足,为清晨的一缕阳光、暮色车站的旅人发出赞叹,他用自己的生命与他人的生命同在,从而感受每个生命的呼吸和脉搏跳动。

老师经常在课堂上分享自己的"糗事";也经常一见到我就埋怨自己:"哎呀,我一直想要健身,就是没有行动。"他从来不粉饰自己,也从不回避自己的不完美。面对我们,他是真实的教练、真实的老师。也是因为他与我们的联结和接纳,我们能够完全放松下来,可以打开和面对真实的自己,流露此时此刻的感受。

在一次教练演示中,客户被完全看见,因而发出感叹:"我觉得你好厉害哟!"老师却没有半秒钟的自我陶醉,他马上问道"刚刚是什么让你觉得我很厉害?"他引导客户把关注点重新放回自己身上,借这个反馈让客户自我觉察。老师完全放下证明"我很厉害"的需要,总是把教练的成果还给客户,夸赞客户的智慧和努力。他甘愿退到舞台的暗处，让客户完全享受灯光、掌声和成功的喜悦。因为他知道只有这样，客户才能真正成长起来。

要做到老师那般程度的教练修为着实不易。就像叶老师在书中所说，追求这样的教练境界，就好像是洞潜爱好者在追寻那个绝美的蓝光一样。因为不易，所以少有人相信它的存在，更少有人亲身前往探险。而我们坚定地追寻那道光，是因为我们看到老师完全做到了。他写下的每一个字都透露出这趟英雄之旅的百转千回，却又惊喜不断——他陪伴一个个生命活出真实的样子，收获一段段真挚的关系，最终到达人性更高的境界。

叶老师说：

"当你觉得难以突破时，总有一股力量与一些人唤醒你继续前行。

"If not us, then who？

"If not now, when？"

愿叶老师的这本书，陪伴你我这样的在教练道路上探险的旅人。愿我们成为真实的自己，成为心怀大爱的教练，同道同行！

# 推荐序 2

# 润物细无声

刘 波

听着悠扬的钢琴曲，我的思绪飞到认识叶老师的那一天，那是2019年11月的一天，第一眼看见他时，我就被他的亲和、温暖深深地吸引。那天的教练工作坊里，他给我一种"润物细无声"的感觉，我第一次体验到这种感觉。从此，在我的生命里，"润物细无声"不再只是一行文字，而是一种生命被滋润的感受。

带着这份美好的感觉，我的内心有一个声音在说："Ivy，这位和蔼可亲的老师身上或许就有你正在找寻的东西哟！也许你很快就会知道那个说不清、道不明的'教练的状态'到底是个什么样的感觉和状态呢！还有，你看他公司的名字叫 IVY（青叶藤专业教练中心，GIVYC），是不是有什么东西深深地联结着你们呢？"就这样，第一眼之后我就跟随自己的直觉，直接报名叶老师的职业教练小组了，跟随叶老师近距离地学习和精进教练这门学问。一年的时光飞逝而过，此刻当下，我是如此感谢自己的直觉，也如此感恩遇见了叶老师。

对于教练这门学问，我们常常说：教练对话是一门艺术，语言文字只占7%，语音语调占38%，眼神等身体语言和内在状态占55%。这一年我通过近距离地接触和学习，感受是：一步一步夯实了自己对教练学问的原理、工具和文字理解的那 7%；慢慢地一点一滴地实践教练服务，从每一个客户真实的生命个案里夯实教练学问的技艺，体会到那 38% 语音语调的渗透力和感染力，这对我自己的生命也是一种突破和成长；我也慢慢地学习不着急、不用力、不期待（不以自己的期待为期待）教练的过程和成果，顺势而为，自然轻松地跟随客户一起"双人舞动"，去全然地相信每一个客户。时至今日，这个部分我还没有完全做到，我经常被叶老师敲打和悉心教导，我感受着他既严格又有爱的用心陪伴，既期许又有耐心地支持我们点点滴滴的成长！就这样我一次次地摔跤，又一次次地站起来，再出发……这个过程真是不容易！

我带着困惑和不完全的理解，继续勇敢地前行和再次尝试，可以很坦诚地说，作为一名职业教练，我依旧还是会悄悄地、不知不觉地着急、用力，有想帮助客户从困难和困惑中走出来的那颗心。作为一名职业教练，我一边向内修己，一边向外达人，用时间和实践去体悟"教练是一门相信的艺术"，相信每一个人都是全面而完整的、资源丰富和本自具足的，每一个人都一定拥有他自己独一无二的智慧，能活出他自己生命蓬勃丰盛的样子。

我还在路上，在不断学习和成长中，而叶老师一直在我的身边，每当我遇到困难和困惑，请教他时，他总是第一时间出现在我身边。"I am here for you"，他的话一次又一次"润物细无声"地滋养着我的生命，陪伴和支持着我在教练路上前行。叶老师希望我们这些学生真正懂教练这门艺术，可以支持和陪伴更多的人、更多的家庭、更多的机构、企业和组织。

教练这门艺术，让我深深地着迷，同时也让我有不同程度和层级的困惑。感恩我在教练路上遇见叶老师，他用他这 10 多年教练路上行走的体会和感悟指引我们，而正是这些体悟足以在我们前行的路上点亮灯塔、指引方向。叶老师将自己在职业教练路上的这些体悟,整理汇集成叶老师的教练心语,这些文字细细地、无声地滋养着我们这样一群职业教练……

时间一晃就是近一年!很开心获悉恩师准备把这些"润物细无声"的教练心语整理出来,写成叶老师人生中的第一本书,书名为《教练的修为》。这本书可以让更多的人明白教练是什么,让更多的职业教练们在教练这艺术的海洋里更加深入、更加全面地学习和成长。这是一件特别有意义、有价值、无比荣耀的事情。

作为叶老师的一名学生,我的内心是无比激动和感恩的。一向谦卑、低调如斯的叶老师对我们说:"如果你们有时间,我想邀请你们给《教练的修为》这本书写序,你们的只言片语或真实感受,即可。"做人,如此;做事,如斯。这就是我的恩师叶世夫老师!他就是活出来的、活生生的"教练的修为"的榜样!

▲
▲
▲

▲

## 推荐序 3

# 陪伴生命的旅程

潘 翊

　　写序言的时候，又一次重读了叶老师的书稿，每一篇总会让我回归内心的平和、宁静，带给我启发和思考，有的时候甚至使我热泪盈眶。这些文字就好像是陪伴在身边的一位智者、一位教练，在这些文字中我感受到被相信、被看到、被懂得、被欣赏、被温暖，感受着人性的真善美。读完之后内心总会充满勇气和力量去跨越生活中遇见的种种困难，这种勇气和力量是由内而发、由心而生。我从这种发自内心的渴望和痛苦中长出属于自我的生命力。

　　每个人都是英雄，都在经历着自己人生的"英雄之旅"，都是自己人生最出色的主人，都期待教练给予足够的空间，都期待找到自己内心的希望，从而勇敢地活出自己的样子。

　　在教练结束后我经常反思：我的每一个提问是我的需求还是客户的需求？我提问的意图是什么？从书中我深刻体会到：以任何名义剥夺他人追求幸福和选择痛苦的自由都是一份傲慢；面对客户的挣扎，不干预，不用力，不引领，甚至不企图去启发，更是对生命最大的尊重；相信和承托，用一份信任、支持和陪伴的力量与客户同在，顺天意而为，让客户看到自己的现状，让客户去经历该经历的。

正如叶老师说的，教练不是"疗愈和帮助"他人，教练是"成就"他人。"教练技术是教练者人生的修为，修的是教练自己，用教练状态去陪伴身边的客户，人做对了，教练也就对了。"我想，带着爱的关怀是教练的本质，爱也是教练的灵魂，只有人格才能影响人格，只有人格才能形成人格，只有灵魂才能唤醒另一个灵魂。这就是叶老师活出来的样子，说出来的一万句话，远不及每一个真实地活出来的样子。

▲
▲
▲
▲

## 推荐序 4

# 艺术的传承

黄荣清

我在不同阶段读书中的文章往往会有不同的体悟，处于迷茫时读到其中的一篇文章，自己会更有力量；而在教练路中觉得自己有所得时，看到一篇，就好像有一个人在我身边耳提面命，这时候更应该谦卑，正是更好地锤炼自己技能之时；当自己偶尔想放弃的时候，看到一篇，会有一个声音出来，"这时的你处于学习的瓶颈期，拓宽一下，再走一走，也许就会柳暗花明"。

读着叶老师娓娓道来的文字，好像老师就在我身边，听他分享他的教练经历，分享他在教练路上踏踏实实的每一步以及每一个坚实的脚步带给他的收获。这时候我好像走进了美味的自助餐厅，美味应接不暇，而这种美的感受不只是来自于味蕾，更是全身的舒坦带来的。突然之间就跳出来一个词"传承"，教练不只是一门技术、一种人与人交流的方法，它更像是一门艺术，需要一代代人的传承，一代代人投注很大心血去琢磨的艺术。

这本书，全部都是叶老师的实证所获，其中不仅蕴含了教练学问的技艺、关于教练核心能力详细且平实的解说，更多的是精心打磨的为人之道，是在潜心学习教练之道的过程中，修炼自己的处事之道、为人之道。

# 人对了，教练就对了

胡茗雁

　　本书是叶老师的教练手记，每篇文章都是他对教练学问的深入探索。时而他如一个谦逊的学生，会对做过的教练个案追溯反思，不断精进提升；时而他如一个山间寻宝的农夫，在行走中发现了珍贵的教练学问精髓，顺手采摘与收集，指间满是惊喜；时而他如一位民间行医几十载的中医，对于客户的"病症"一针见血地做诊断，然后带着爱开出最滋补的汤药，辅以中正、允许与欣赏做药中辅料。

　　作为一名职业教练的我，拿到老师的书稿如获武林秘籍般珍视。而在读每辑文字时，又饱受着自我灵魂纯净度的一次次审视与拷问：你有好为人师的心态吗？在客户看似低谷的生命旅途中，你是否傲慢地施以援手，干扰或关闭客户向内寻找自我力量的窗口？你是兜转在客户思想的迷雾中，还是透过客户散发出的气息、微妙的感受起伏，潜入到客户内心的深海，和他一起探寻绝地反弹的重生智慧？你的内心是否如孩子般纯粹地保有一颗好奇心？你是否陪伴客户一起体验每次未知探索带来的兴奋与喜悦，而非死死抓住"我知道"答案的安全感？放下对"我知道"的执着，放下控制，才可以打开看见无限可能的慧眼。每一个自我反问，都在提纯我作为一个人的生命通透度。老师常说：人做对了，

教练就做对了。什么才是对的人？不卑不亢、放松地专注、真实地敞开、刚刚好的联结⋯⋯

教练是一门艺术，最高境界是还原上天给人类的完美天赋。循着书中的笔迹，你将张开自我内在突破的翅膀，遨游到一个更广的空间，在那儿，你将发掘到生而为人的无限可能，看见人性之美的闪耀之光。

▲
▲
▲

▲

# 推荐序 6

## 高高山顶立　低低海底行

何明慧

从叶老师说他决定写书那刻开始，我就无比喜悦和期待。与老师认识十八年，他决定的事他都一定能做到。我常常对他说"您总能创造奇迹！"其实我也算是他的一个奇迹，当年我鼓起勇气重新踏入职场时，是他把我的简历放入"垃圾堆"，却也是他在我报到的第一天亲自开车送我上岗。在他的陪伴与鼓励下，我从企业的一名编外员工，成长为一名企业的培训师，到今天成为一名职业教练，一路走来，我曾经犯下大大小小很多的错误，曾经怀疑自己……每当我沮丧和低落时，叶老师总会给我讲他的经历。在他的每个故事里，我总能找到前进的方向和动力，所以正是十多年来听着他的故事，记住他说的"说不定更好""做事先做人，做人先做人心""人对了，教练就对了""学习要向最优秀的学习"……我成为了更好的自己，感受到教练是一门助己达人的人生艺术。多年来，我见证了很多像我这样受叶老师影响而成长的人的蜕变。我一直认为，他在生活和工作中，都在践行教练的智慧。

这些年，我一直跟随叶老师，最令我钦佩的是他对教练这门学问的执著和钻研。从当年学 NLP（神经语言程序学，Neuro-Linguistic Programming）开始，他就从源头探索，寻找学问价值的根源。为了继

续深造，他可以坐三十多个小时的飞机往返伦敦，只为听课三天，然后时差没倒过来，他就又站在上海的课堂上给学员上课。即使是今天，为了能更好地精进，他在教练项目任务繁重的状况下，仍然会参加连续一年、每周一次的国外课程的线上学习。每周学习或练习回来他总兴奋地与我们分享收获和发现。他的行动向我们传递一种信念——学习是一种幸福，也让我不敢懈怠并乐在其中。

翻开《教练的修为》，如同打开叶老师的教练生活日记，他用最真切的文字告诉我们教练最宝贵的地方是通达人性，让我们读懂生活中的真善美。书中既有成为教练的核心理念，又有教练修炼路上的叮咛，更有老师真实地把教练技术运用在实际生活和工作中的逸事，这本书让大家可以从不同纬度真实地了解教练这门艺术。阅读这本书，就像跟着叶老师开启教练的旅程，能体会到"高高山顶立，低低海底行"……

# 目 录

自　序　愿做教练艺术殿堂的门童 / I

推荐序 1　同道同行 / IV

推荐序 2　润物细无声 / VII

推荐序 3　陪伴生命的旅程 / X

推荐序 4　艺术的传承 / XII

推荐序 5　人对了，教练就对了 / XIII

推荐序 6　高高山顶立　低低海底行 / XV

**第一辑：相信的力量 / 001**

全然地相信 / 003

如何相信 / 005

教练的亲和力 / 007

客户知道答案 / 009

把方向盘交给客户 / 011

信任自我 / 014

信任的奥秘 / 017

**第二辑：聚焦目标 / 021**

教练的目标设定 / 023

教练目标的层次 / 026

"成果交付"与教练目标 / 029

从"知道"到"做到"有多远 / 032

团队教练就是演奏交响乐 / 034

### 第三辑：当下与联结 / 037

"接触"时刻 / 039

与客户同频同在 / 041

教练的"跟随" / 042

修炼"不知道"的艺术 / 045

教练的"评判" / 049

教练的当下状态 / 051

客户的当下状态 / 054

承托内心的灵魂 / 056

教练的节奏感 / 058

教练联结的修为 / 060

与自己建立联结 / 062

"刚刚好"的联结 / 064

### 第四辑：创造觉察 / 067

聆听客户内在的声音 / 069

"陷入"与"抽离" / 074

教练的持续性 / 076

做"不过度用力"的教练 / 078

被教练的高峰体验 / 082

不要纠缠于"事情"与"问题" / 084

教练的自我觉察 / 087

创造觉察的最佳时机 / 088

觉察的三个层次 / 090

客户的觉醒时刻 / 092

"NO"后面总有"YES" / 095

负面情绪也是资源 / 097

客户的深层逃避 / 099

两个自我的冲突 / 102

教练的直觉力 / 104

教练的直觉反馈 / 106

直接沟通的最佳时机 / 109

教练的逻辑：GROW 教练模型 / 111

专注与心流状态 / 114


**第五辑：教练的修为** / 117

在乎他，而非他的成功 / 119

教练的"陪伴" / 121

等待的智慧 / 123

教练过程中的留白 / 125

教练的情绪调节 / 126

教练的情感预热 / 128

"用脑"和"用心" / 131

自己舒服了，他人才会舒服 / 133

教练的爱与能量 / 135

运用"系统"能量 / 137

越真实，越有力量 / 139

教练的自信 / 141


**第六辑：与客户共舞** / 145

对的客户，教练才能有效 / 147

合适的是最好的 / 150

被教练状态决定了教练效果 / 153

持续教练关系才是真正的教练关系 / 155

客户需要"自我负责" / 157

我们的世界是我们自己选择的 / 160

客户管理与教练效果 / 162

如何管理客户 / 165

让客户与孤独共舞 / 167

不要企图帮助客户 / 169

管理者也要有教练的智慧 / 171


**第七辑：教练之路** / 175

教练，提升人生格局的金钥匙 / 177

活得明白 / 181

教练需要持续学习 / 185

教练需要持续反思 / 189

教练实践是必经之路 / 193

关于"道理我都懂，就是做不到" / 196

关于职场中年危机的思考 / 199

职业路上的归属感 / 202

自我角色的定位 / 204

关于学问的扎实性 / 206

对学问的专注 / 208

让学问生活化 / 210

以战养兵 / 212

教练在企业中的价值 / 214

我对教练职业的思考 / 218

关于 MCC 头衔 / 219


**第八辑：教练感悟** / 221

为生命而活 / 223

遇见真实的自己 / 226

人生平衡 / 230

巨变下的"底气" / 232

定能生慧 / 234

给自己一个空间 / 236

选择与自由 / 239

"受"比"施"需要更大的勇气 / 241

感恩贵人 / 243


后　记　写给今天的自己 / 244

THE COACH'S WAY

第一辑··相信的力量

## 观风雨花

　　楼下的风雨花，每当风雨将至便盛开，好美，恰到好处的美。上天造物真的神奇，花儿怎么就知道要下雨呢？每朵花又怎么自然地就长得如此美丽，色彩如此协调呢？一切都恰到好处，如此和谐与平衡。我在想，作为人，该如何将上天赋予我们的和谐与生命力发挥到极致？

# 全然地相信

今天，客户告诉我，她感受到的多年以来一直无法跨越的内心障碍被打破了，生命豁然开朗。我知道这并不是教练技术让她做到的，而是她的内在生命力让她做到的，这让我想到了教练状态中的"相信"。

"相信"，是教练永恒的根基，是相信系统的力量，相信自然的完美，相信每一个人都有他独特的完整世界，相信一切都在系统序列中趋向动态平衡，因此有了"一切都是最好的安排"的说法。

若教练不相信系统，他就会企图用自己的力量去改变什么，系统的流动便被阻隔，客户也会因此不相信自己，进而作出不符合自己系统的决定。

当我们相信每个人的内在智慧，也就是相信系统的力量，客户自己的内在智慧便被启动，客户触摸到前行与成长的激发点，此时此刻的成长便是客户自身的潜能被激发的结果。

阻碍客户触摸到深层智慧的往往是因为他欠缺安全感，需要他"努力"抗争，企图控制而非利用变化，比如——

不断向外求，客户以为是外在环境让自己失去能力进而产生对抗之心，但往往是越抗争，离自己的内在智慧越远。

追求大量不需要的、以为重要的东西，其实是企图填满内在安全感不足的黑洞。客户因为不相信自我而向外抓取，越向外抓取，内在越空洞，越感觉无力。

自我系统是动态平衡的，得失之间自然调节，当客户只急于实现眼前利益，他便无法看到得中之失、失中之得，也就错失了系统的资源。

作为教练，如果不相信客户自己有足够的内在智慧，便会用自己的认知引导、干预客户的世界，着急取得成果，这样就只能取得看起来不错的效果而丢失了真正的教练意义。

当教练完全相信客户，完全相信系统的力量，走进客户的内在智慧，与之共舞，即使客户处于迷茫、失落或者愤怒当中，教练也能通过表象看清背后的资源信息，陪伴客户寻找这些资源信息里的力量，相信客户拥有自救的能力，甚至比客户更相信他的生命力。正是这份相信，客户会因此发挥出内在的天赋潜力，这才是教练需要的结果。

当教练相信客户，他不会急于取得"教练成果"，而是更看重客户的自我觉察，允许一切在时间长河中流淌，当客户触摸到内在的智慧，教练便悄然离去，留下空间，绝不邀功请赏。

相信客户的教练，会像黑暗中的掌灯者，带着敏锐的觉察力照亮客户探索路上的一草一木，给予客户内在的希望。

"人法地，地法天，天法道，道法自然"，一切以"自然"为根本，去相信生命的奇迹，这是我理解的教练的"相信"。

# 如何相信

教练怎样才算真正相信客户？

教练相信，客户是有自我生命力的，是具足的，就如同相信粮食发酵可以酿出酒来、种子可以发芽长成参天大树一样，我们也相信每个人都自带生命成长的能力和自我修复的能力，而且这种能力是与生俱来的，也是神奇而巨大的。当这种能力被释放，人便可做到自己想做的自己，这就像身体免疫力增强可以治愈百病、伤口可以自行愈合一样，是人体系统本身自带的能力，精神与智慧也是一样。孩童自己就能学会走路，学会复杂的语言，这就是其中的一种智慧的具足。

我们相信人的学习能力与自我修复能力，就如同相信石缝里的植物会因势成长，找到最适合自己的生长方式一样。教练就是让人们沿着这种上天赋予的能力，用这种神奇的智慧寻找到自我成长的最佳路径，运用自身的智慧学习成长为真实而独特的自己。这种智慧会在客户完全相信自己、专注而平静，且充满动力激情的时候发挥得淋漓尽致。这也是教练过程中教练的着力点。

人们内在的对生命力的渴望正是这种能力的信使。这种深藏的渴望被包装成情绪、感受、信念等外衣，如果我们因为这些外衣而以为客户没有能力，就会急切地将自己的经验与主观意志强加给客户，过分热心地帮助客户解决问题，急切地给出教导意见，客户也就关闭了自我内在的智慧。

在客户自我探索过程中，教也很重要。但我认为，就算是教，也应该是客户在发展自我的路上主动寻求的智慧、知识与技能的借鉴而已，这也是为什么"学"永远比"教"更重要。

当教练相信他的客户，他会把关注点聚焦在客户生命力的自我发现当中，激发客户内在的、属于客户自己的智慧系统，这也就是人们常说的"激发潜能"。相反，如果没有对客户发自内在的相信，教练就会不断想把自己代入进去，给出建议，企图帮助客户解决问题，觉得自己比客户高明，最后会落得"牵牛上树"的结果。

教练界有这样一个段子：三流的教练觉得自己很牛；二流的教练是客户觉得教练很牛；一流的教练是客户觉得自己很牛。当客户通过自我探索使自我智慧成长时，客户的内在潜能才算是被激发了。此时，教练的角色只是一个运动场上的助威者。

当教练自己都觉得人是被"教"会的时候，他不会相信客户自己能"学"会。

## 种子的智慧

我偶然在一座山上看到了几颗种子很舒服地躺在一个像摇篮一样的干果壳里，结构与形状精美绝伦。

一颗种子尚且有如此智慧，更何况人？可我们往往忽略了自己的智慧与独特，用他人的知识捆绑自己，忽略了身体和灵魂里早就有的天赋智慧。

▼
▼
▼
▼

# 教练的亲和力

有些人，我们总能感受到他身上散发着温暖与稳定的气息，让人不自觉地想靠近他。这种人天生就有疗愈他人的能力。而有些人，就算是日夜相对，也感受不到与他内心的联结。虽说是人合人缘，但其实与一个人的内在世界有极大的关系，在教练领域我们称之为亲和力和信任感。

一个人有亲和力，他一定是让人感到安全、稳定、有力量、包容的，接近他，你会有一种说不出的安全感和被欣赏、被关爱的感觉。是他的能量气息让你自然地相信他，愿意靠近他。

我一直认为，他人接受你，并不是因为你有多优秀，而是因为在你身边他觉得自己有多好。你的亲和力正好让他感受到被接纳的喜悦。如果一名教练好为人师，那么他的亲和力已经丧失殆尽了。有些领导者企图通过"我比你更行"来取得团队信任，是不可取的。

教练的亲和力是教练信任关系的前提。有亲和力的教练会发自内心地接纳、欣赏与包容他人。他的状态，可以用"无条件接纳"来形容。与他交流，你会发现他具有很好的聆听能力，在他的眼里没有评判、高低与挑剔，更没有得意忘形，反而有被理解、他"懂我"的真切感受。

一名具有亲和力的教练，他的眼神、语音语调、语言当中会透露出平和与安定、成熟稳定的力量。同时，他的内心会对世界和他人充满好奇与欣赏，常常让你感受到一种安全、愉悦的气息。

这是任何一个人都期望达到的境界。做一名好教练，首先要从内心修炼自己的亲和力。如果一位教练告诉你他有丰富的教练经验，但却给你不可一世的傲慢感觉，那他在教练领域中的段位不会高到哪里去。

我猜想，精神境界足够高的人，甚至不需要想自己是否有足够的亲和力，因为他已与万物同在，如同一位前辈所说"不高不低，越高越低"。

我认为每一个人的气质、性格和个性喜好都不一样，这导致一个人在各种不同的人群中给人不同的印象与影响力，但总有一些稳定的品质让他人感受到他是值得信赖的。那是每个人深层品质中与环境和谐的因素，比如单纯、善良、义气、坦诚、担当等，当他把这一品质完整发挥出来，他被接纳与信任的可能性便大增。每个人的修为不一样，呈现的行为不一样，但只要一个人的这一品质被感受到，亲和力与信任感便能很好地建立。这时，真实做自己，便是最有力量的。

这种赢得信任的品质是一种修为，会通过一个人的语言、语音、语调、行为举止和所关注的人、事、物，甚至是穿着打扮被他人感受到。这似乎就是人们常说的"相由心生"了。

一位客户说起被具有亲和力的教练所教练的感觉是："像坐在安全舒适的 carriage（四轮马车）里，带我到我想要去的地方。"

# 客户知道答案

今天，教练结束时客户很惊讶地问我："你怎么就知道我早已有自己的想法？"我回答："我知道你知道，但不知道你知道什么。"本来客户是带着巨大的疑惑来接受教练的，透过他那份焦躁不安的情绪，我知道他很想跟我说："你告诉我该怎么办。"但我内心知道，这份情绪只是他内心答案的包装纸。我相信他的智慧。

教练发自内心相信客户，客户才会相信自己，但一些教练往往会因热心而好为人师，阻碍了客户真正的成长。

　　当一个人完全相信自己，专注于成长目标，内心的干扰降到最低，并信任上天给予自己的超强学习力时，他内在的天赋才华就可以释放，此时学习力犹如天赋开启，所能达到的能力是远远超出自己想象的。因此，有时我觉得教练的作用只是帮助客户开启他的智慧之门，让他看到自己与生俱来的天赋。当客户在当下放松、专注、完全相信自己时，这种几乎是无所不能的天赋才华便被开启，客户会按照自己的直觉力寻找到这种智慧，这不是学来的，而是上天赋予的。如果教练想引领客户去认识到什么，也许这样做本身已经不是在激发客户本身的这种天赋，而是阻碍他的天赋了。

　　所以，如果觉得客户遇上瓶颈，遇上"困惑"，成长上难以突破时，我们教练以为他需要的是我们的指引，那已经是对客户天赋的怀疑了，那也是对上天的蔑视。从教练的角度看，客户的"困惑"与痛点正是他的天赋智慧在工作，是提醒他自我发展的方向的信号，因此，我们常说客户的任何体验和呈现都是教练过程中的资源，因为客户在告诉教练该往哪里走。

　　我们需要的是完全相信客户身心里已有自己的能力，有等待开启的天赋才华，需要我们教练做的是陪伴中给予他勇气、专注、放松、觉察和对自我的信任，就像客户知道自己身体的感觉一样，客户也知道自己的着力点。

　　婴儿学会走路，从来就不是被教会的，而是他自己学会的。人的目标实现也是这样，因此教练一定要相信客户的内在自有天赋智慧，相信了，才能看到。

　　有时候我觉得，当我们的教练状态足够应对当下，教练的过程好像是在做开卷考试一样，答案早已经写在客户内心里了，仅仅需要我们去读而已。

# 把方向盘交给客户

今天的工作坊，学员觉得我的问题轻描淡写，却能让客户打开自我觉察的按钮，而他们以为的重锤叩问却让客户不知所措。回想当时我与客户的互动，确实很快便进入核心。学员的提问倒是让我想到了一个教练时机捕捉的关键：把方向盘交给客户，这也是教练过程中的"相信"。

教练过程中，教练需要让客户引领问题的方向。要知道，最好的提问在客户心中，这是教练过程要走的方向，是教练修为中"跟随"的主要含义。

客户的深层潜意识永远知道自己要往哪里走，而他们的头脑意识不知道这一点，深层聆听是敏锐感受客户潜意识，感受客户哪里"痒痒"，放下任何预期，这时我的提问是冲口而出的，甚至是不经大脑的，但很清晰的是直指客户心中隐隐约约的信号。因此，我一直认为"最好的问题是来自客户心底里的声音"。

很多初级教练担心客户走进困惑，那是教练陷入了想帮助客户解决问题的"陷阱"。作为教练，要相信客户困惑时便是客户思考最活跃的时候，此时教练不要错过任何的觉察转折点。

这种觉察点往往是在客户自言自语中呈现的。这种觉察点，我称之为教练点，可能是自我的怀疑、自我的模糊感觉，也可能是情绪、能量气息的变化。这时我只需说"你似乎有所思考"，这句话常常可以打开觉察奇迹。这有点像在山上湿润的土地上掘一锄头，泉水便喷涌而出的感觉。教练的作用只是提醒客户"这里有宝贝"！

很多时候，客户只是需要一个安全的空间自己工作，或者一个肩膀靠一靠，便可以大步向前，并不需要教练"帮助解决问题"。教练的过度介入会惊扰客户内心智慧的涌动。

教练过程中，如果教练自己认为比客户看得更清楚，便会把关注点放在引领客户向自己想要的方向走，忽略对客户当下的好奇与关注。这往往给客户内心造成极大的干扰。每当客户进入自己的世界，他往往需要很大的自我体验空间。这个空间也许就是教练与之完全地同频、同理，甚至只是真正"懂我"地倾听，或一个发自内心的坚定眼神。

此时教练与客户的内心节奏完全同步，教练不过分干扰，客户才能全神贯注于自我的工作。

教练最大的干扰是评判，然后是引领，而最常见的干扰是"不好好说话"。教练初学者因为不熟练而走"套路"，说一些复杂的、高深莫测的话，这会干扰教练关系。最好的教练语言应该是简单的、通俗易懂的日常生活语言，而非程式化的语言。

教练过程中能量流动的感觉是很美妙的，而要达到流动，需要教练有很好的"跟随"能力，教练的跟随不等于丢掉自己，而是越真实，越有力量。

相信每个人都是绝顶聪明的，教练和客户都是。教练需要放下企图心，有时甚至放下教练的"帽子"，真诚地与客户交流。教练心中有爱，眼中有欣赏，教练与客户便会有联结。有了深度的人性的联结，语言便不重要，教练效果自然天成。

我的教练语言，似乎是傻傻的，但我觉得，我只是一个报信人，我只是接收上天的信号，我越傻，客户越聪明。

　　经过一棵树，一片枯叶刚好从树上落下，于是拍下，却发现另有一番韵味。没有什么是一定的，哪怕是一片枯叶，让它以自己的样子存在着，不也很美吗？

▼
▼
▼
▼

# 信任自我

　　没有相互信任关系，教练是做不成的，但这种信任关系中，还隐含着另一种容易被忽略的关系，就是客户对自己的信任，也就是客户是否对自我坦诚，是否愿意对自己敞开，是否相信自己，从而投入到教练关系当中。这是直接关系到教练是否有效的关键点之一。

　　当客户愿意与自己建立信任关系，他会真诚地敞开自我，与自我联结，对自己的每一丝感受都有勇气去感受、去表达，去面对。这时客户会接纳内心脆弱的自己，相信内在的力量，自我负责。

　　当客户还没有对自我建立信任关系时，客户自我潜意识的保护机制便会启动。

　　客户对自我没有建立信任关系有以下表现：

　　第一是寻找外部负面原因，容易充当受害者角色，因为这样可以不用面对被自己否定的自己。

　　第二是会自己骗自己，不断用道理去鼓励自己，用分析代替真实的感受，回避自己深层的真实需要。这种状况在很多上了无数的心灵成长类课程、记了很多道理，却没有真实面对自己的人身上最常见。

　　第三是不断找出自己无法解决的理由，让自己走进死胡同，然后用悲伤的情绪填满自我不接纳的黑洞。

　　第四是只体验到身体的强烈反应，却不愿意走出来去聆听自己内心的声音。当真正触摸到自己内心的感受时，客户会不自觉地抵触、否定。

也许还有很多，当客户不信任自己的时候，内心会有两种倾向：一是封闭自我；二是往外抓取，相信外力多于相信自己。客户潜意识中的任何状态，都一定是为了帮助自己的，因此，即使是客户处于这种状态，对教练来说也是一种资源。

作为教练，让客户有勇气相信自己，与自己和解，是建立信任关系的重要职责。关于如何做到，教练可以尝试从多方面着手：

1. 接纳客户的不接纳自我。有时候客户不接纳自己是因为客户内在有很大的被包容与被看到的渴望，如果教练刻意"帮助"他，会让他更不接纳自己。

2. 创造安全容器，充分发挥"holding"（承托）的作用，保持与客户内在的联结，放下评判，以爱与慈悲接纳客户的任何反应，让客户体验到被充分信任的感受。只要给予客户空间与时间，客户是可以自己找到力量的支撑点的。

3. 邀请并允许客户感受真实的自己，哪怕是一丁点儿的机会，让客户感受到与自己内在联结的真实感受。这可以通过身体、触觉与情绪激发等方式进行。

4. 适当的时候运用直接沟通，让客户看到内在逃避的自己，当然，这很容易走向评判，需要以客户的反应作为尝试与否的标准。这需要在信任关系已经建立的基础上进行，否则会引发客户更强烈的逃避或者抗拒。

5. 客户没有真实面对自己，无法与自己联结，也许是客户真实的需要，也就是时机未到，客户需要保护自我，教练需要有等待的耐心，多一份允许。因此，也许不是一次教练而是多次教练才能让客户逐步打开，这是客户的节奏，教练强行介入会适得其反。

客户与自己的联结，表现出来的是客户对自我的信任，这本身就是客户需要跨越的第一关。教练帮助客户过这一关，不是通过语言教练，而是通过教练过程中的隐性能量悄然达至这种状态。如果仅用语言教练，客户的内在联结常常会消失，从而走向头脑分析，那么客户离真正的内心就会越来越远。

▲
▲
▲

▲

▼
▼
▼
▼

# 信任的奥秘

今天有教练问我，如何与客户建立信任关系，特别是电话教练。这是一个十分重要而又最易被忽略的问题。

信任难以建立，但极易打破。在教练关系中，没有比建立信任关系更重要的了。关于建立信任关系，ICF（国际教练联盟）把亲和力和建立信任结合在一起，但这"亲和力"的理解不能单纯从表面词义上理解。关于建立信任，我认为教练要综合以下方向不断训练自己——

发自内心地欣赏与尊重对方，真正聆听对方的内心世界，让他感觉你懂他、他是重要的。人们常常期待他人"懂我"，当感觉到对方带着欣赏、接纳的内心，完全聆听到自己内心的渴望和感受时，便会产生联结的期待，这是互相信任的前提。

真实地做自己，放下在他人面前呈现完美的自己的期待，真实就好。对方会因为你的真实（而不是完美）感受到你的真诚。

心怀慈悲，真心接纳与关爱每一个生命，接纳任何与自己不同的生命状态，无分别心，自我不高不低、不迎不惧，无私地给予，给予滋养关系的能量，包括完全安在当下的稳定、充满关爱的温度、充分相信的允许，让对方因你的陪伴而感受到被承托、被滋养。

管理好自己的情绪。当教练情绪低落，或者因为教练议题自己有了联想，觉察到自己失去教练状态时，教练便应该做出自我调整的安排，回到中正与当下的状态中，或者暂时停止教练交流，以保证教练过程的流动与安全。

接受馈赠，比如作为教练的你接受对方的关心、接受他出于回报的酬劳等，让对方有付出的成就感与平衡感。接受是要有勇气的，如果只是付出、牺牲自我，关系不平衡，对方会因为亏欠而逃离。

投契合拍，增加自我言行、个性风格的弹性，不固执于自己的言行风格，与对方的言行风格匹配，与其在交流中共舞。人们都喜欢与同类人相处，当教练过分固执于自己的个性风格，缺乏必要的包容度和行为的弹性，给客户的感觉就是缺失了投契合拍，这时候难以建立信任关系。

敞开内心，不勉强他人的敞开，但自我可以敞开。敞开的前提是情感、感受层次的交流，而非仅仅是事情、观点的交流。

放下功利心，放下做一名好教练的期待，把专注点聚焦在客户身上，真实、坦诚地与客户进行交流，而不是希望客户感觉自己是一名好教练。一旦教练有企图心，教练关系便进入了不真实的交流中。

一切有目的的交往，都会被识破。如果有目的，唯一可以接受的是基于联结的目的。

放下好为人师的企图心。很多人喜好教导他人，因为这样可以得到自我价值感。作为教练，常常会被很多客户当作老师。当教练过分热心、忘记自己的角色时，便会不自觉地教导对方。这不仅失去了教练的意义，同时可能会让对方疏远你。

一份建立在信任基础之上的关系，无论是人际关系还是教练关系，都是很美妙的。

## 放下企图心

当我没有控制的企图心的时候，一切系统资源都被开启，并被自然所安排，变得协调且有生命力。

课室外面的竹子长得很青翠，生机盎然，自然协调。

## 系统的自我平衡

　　我们的生命来自伟大的祖先。我们的祖先，在自然万物中，历经千万年的进化演变，最终为我们播下了生命的种子。智慧的基因早已深深烙在我们生命的记忆当中。每个人与生俱来就带着宇宙赋予的神奇智慧与力量。

　　当教练相信系统场域的自我平衡能量，相信客户的内在生命动力时，我们就不会引领，而是等待、允许与发现，这时奇迹就会出现，也就是做好空间静待花开。有时看似不好的结果，反而是最好的结果。引领是因为教练自己的恐惧，放下那份恐惧才能"看见"。

　　东北冬天的景色。春夏秋冬，大自然安排着万物的变化与更替，其中有着巨大的进化能量。

第二辑：聚焦目标

## 为了什么而奔忙

这几天密集地做一对一教练，脑海里充满了各种各样的生命故事，但好像都与"为了什么而奔忙"有关。

一位客户说"如果我知道我活着的最大意义，我会无比幸福地工作"，另一客户说"如果我知道此生什么对我最重要，我内心就会有一份坚定"，又一位首次约见的客户说"我真不知道如何回答你问卷中关于我期待自己对身边的人有何影响的问题，但隐约觉得这很重要"，还有一位 CEO 说"再大的业绩，我都感受不到成功的喜悦，我只想在我离开前，看到自己培养出来的团队创造奇迹"……

如果一个人知道自己此生为何而来，并为之全力以赴地奋斗，内心将坚定，不会纠缠于一时的得失，此生也将无遗憾。那我又为何而来？

▼
▼
▼
▼

# 教练目标的设定

如同"不知道要去哪里之前不把车开出停车场"，确定准确的教练目标是教练的前提。教练过程中，除了常规的教练问题，还需要运用几种手法。

1. 当客户目标含糊或太多时需要澄清并聚焦于一个目标。在商业教练过程中，客户并不一定能非常精准地表达自己的目标。当客户知道自己要什么、什么是最重要的时候，问题已经解决了一大半。因此，教练目标的澄清其实是帮助客户聚焦关键的过程，也正是客户需要被教练的原因。

2. 当客户的目标是他人、部门、企业等外在因素时，教练的目标需要转为自我目标。如果客户带来的议题与他人、企业有关，客户往往会把关注点放在自己以外的人、事、物上，而且很容易陷入受害者角色，感到无助。我们不能改变他人，除非他人自己想改变。教练只能教练客户本人的内在世界，因此，把关于他人、企业的目标转变成为客户自己的内在目标，教练才会有效。

例如，关于如何把团队目标转为自我目标，我会先让客户详述目标的结果，然后问诸如"你在当中的角色是什么？""你如何影响到结果？""什么是你相信的？""为了实现这一目标你需要怎样的支持？"等一系列与客户本人相关的问题。确定一个关于客户本人与此关联的次目标，并在行动计划中联系团队目标予以校正。教练目标应指向"自我

负责"。

3. 当客户目标只是"方法"等环境、行为层次描述时，需要进入他能力以上逻辑层次的探索。按照 NLP 逻辑层次的论述，人们在思考自己的问题时，会有环境、行为、能力、信念、价值观、身份和系统精神六个层次的思考与感受，前三者是结果，后三者是根源，是人的内在世界。人的环境、行为和能力的呈现都是根源于他的信念、价值观、身份和系统精神。当我们围绕着事情本身去探索目标时，我们便会被事情所牵绊，找不到问题的关键动力。因此，在建立目标合约的教练过程中，就应该关注客户的内在世界与议题之间的关联性。可以说教练议题中关于事情结果的期待是第一层次目标，关于客户的内在与事情间的关联是第二层次目标，也就是更真实的目标。

4. 随着探索的深入，客户目标方向发生转变时，需要客户自我觉察，并寻找其中的关联性，由客户决定方向。教练过程中客户的目标感会被情感牵引，引申的话题有时会离题，即远离原定的目标，但很多时候是源于原来的话题的，这是深入。不管是哪一种情形，都需要教练和客户有自我觉察的能力，及时发现话题的偏差，并由客户决定谈话的方向。

5. 客户的行动结果目标需要与教练目标相互关联，确保行动计划是达成总体教练目标的一部分。一次完整的教练需要有行动计划来保证所探索的议题得到实现，客户对行动后结果的期待与教练目标应该是吻合的，是教练目标实现的外在呈现，这样的教练才会让客户有所成长。

6. 关注客户目标的生态系统平衡。让客户看到目标的追逐与实现，对系统的其他方面有什么正负向的影响，比如行动后对其他的人的影响。这个过程往往可以帮助客户打开更大的视野，而不仅仅停留在一件事情的思考上。

7.意义清晰的教练目标成果，可以增加客户行动的动力。客户提出某个议题，确定一个教练目标，一定有它的意义，或者这个目标只是一个更大的人生话题的显性事件。但有时候也许根本没有那么重要，不需要浪费精力去考虑。因此，确定教练成果对客户来说是十分必要的，否则教练会陷入琐碎事情的思维博弈当中，教练意义不大。

但如果该教练目标是有重要价值的，清晰的意义描述会增强客户探索的动力，也可以更加聚焦目标实现的关键点。

也许还有其他，建立教练目标需要完整的教练状态流动，切忌把过程变为机械化的几种提问，否则会因教练过程过于呆板而失去感知客户当下的关键。当客户还没进入被教练状态时，教练需要培养与客户信任、联结的感受，不要急于确定教练目标。在我的教练生涯中，我甚至会用一整个教练约谈确定教练目标，即确定客户真正需要的是什么。确定适当的教练目标是建立好的教练关系的前提。

教练目标就是客户的内在需求，是他们之所以付费的最直接的原因，也是每次教练的基石。如果没有教练目标的约定就进入会谈，那与聊天无异。教练也通过约定目标开启深度聆听的大门，跟随也才有了意义。

# 教练目标的层次

昨天的教练，好像就是一个寻找教练目标的教练过程，当客户真正明白自己要从一段教练关系中寻找什么时，客户立刻知道力量的支撑点在哪里，教练效果就水到渠成了。

例如，在一个案例里，我的客户经历了从议题"我如何摆脱如山的工作的困扰"，到第一目标改为"我如何更高效地工作"，再到"我如何增加工作的价值感"，到最后"我如何学习在内心里接纳自己"，然后如释重负，客户看到了工作对自己的意义。

教练过程中，确定目标是非常重要的。确定目标其实是寻找内在潜意识中活出自己的关键枢纽，也就是议题与客户之间的问题关键之所在。客户在描述议题时，有时候会非常明确且坚定，但有时又是模糊的。当一个人不知道要去哪里的时候，所有的困扰、无力和沮丧都会因此而产生，这就需要教练敏感地捕捉到客户此时此刻心中的方向是什么。这方向，应该是客户内心潜意识中的方向，而非事件等的表面方向。

1.客户的议题不等于教练目标。

客户的目标最起码有两层：第一层是通过议题故事提出来的，属于环境、行为、能力层面的议题；第二层是这些故事背后的内在世界，包括信念、价值观、角色认定，甚至是自我与世界的关系。前者只是背景不是教练目标，后者才是教练真正的目标。所以，教练还不了解客户内在目标时，要问"客户的内在引领我们去寻找什么？"一旦触及问题的核心，教练已经基本成了，否则会不断绕圈。

2.所有议题都应该是往前看的愿景目标。

客户往往会根据自己长期教练的目标给出当下的教练议题，有时是愿景，有时是困惑。不管是什么，教练首先要把它变成往前看的愿景目标，不是解决问题。如示例中的客户，当他的期待是摆脱工作的超负荷感，我会让他看到他想要的愿景状态是什么。

3.觉察目标的两个层次。

每次教练过程，客户和教练都要清晰地知道当时大家要找的是什么，也就是去哪里，这是第一个目标。这议题的关键核心问题是什么，是客户内在世界的什么渴望引发出这样的问题，突破点在哪里，这是第二个目标。这一目标层次更深，也更值得花时间去探索。

当目标理清了，客户就知道自己的问题核心在哪儿，教练就基本完成了自己的任务，无须画蛇添足。当我们触碰到了问题的核心后，客户可以自行思考，很快就获得了力量。

在一次教练中，客户有想达到的成果的目标，比如客户期待从本次教练中得到什么帮助，也有客户内心要实现的自我成长结果目标。后者更多的是存在于客户自己的内在世界而非事件本身。两个目标既分又合，前者开启教练议题，是总的教练方向，后者是教练效果的来源。

好的教练目标是立体的，不是单一、平面的，找准了，就可以发现"大金矿"。

与儿子一同看晚霞，遇上骑行者，正全力以赴往前骑，心无旁骛，似奔向
远方的太阳。

# "成果交付" 与教练目标

我很认同一位教练所说的"客户付费给教练，是因为教练交付的成果值得"。什么是客户想要的成果呢？应该就是客户实现教练目标吧。

不管是团队教练还是一对一教练，实现教练目标是客户最关注的。因此，目标达成的程度应该就是客户认为的"交付成果"的价值度。如果我们的教练过程背离了客户的教练目标，那就没有价值了。

让客户觉得"交付成果"值得与教练目标的确定有很大关系。

在教练过程中，理清目标时会有一些误区，而这些误区会导致教练无效。有时客户会把现象、议题、心愿等作为目标，这些目标需要具象化、清晰化。也有客户把业绩目标、企业商业目标作为教练目标，这容易导致教练方向发生偏差。

对于此类目标，无可厚非，企业就是为此而找教练的。但如果我们把教练目标放在具体的业绩、商业运作结果上，以为这才是"真正地实现客户目标"，就容易"就事论事"，会被卷入客户的专业思考、运营思考当中，这就不是真正意义上的教练，而是用提问包装成教练的顾问、咨询或督导。

教练与其他辅导模式最不一样的是，教练运用客户自己的智慧与能力，发挥他们的潜能达成工作、生活目标，更关注的是人的成长与自我潜能的发挥。而其他辅导方式是需要辅导者运用自己的经验、思维、

能力、方法论来帮助客户，更关注事情的结果。

　　教练的目标应该是透过业绩、商业目标，看到其背后"人"的因素，教练的是"人"，而非"事"。教练会因关注"人"而达成"事"的结果。

　　如果用 NLP 逻辑层次去看关注"人"，还是关注"事"，我们可以看到，关注"事"也就是关注环境（结果呈现）、行为和能力，但这些"事"都与一个人的信念、价值观、自我角色定位和他对世界的影响有极大的关系。正如一个人的想法、观点改变了，那么他的行为也会发生相应的改变。

　　也许有人说，立竿见影地帮助客户解决问题才是教练的目的。如果这样，那教练充其量是个解决问题的高手，而不是真正意义上的教练，与"头痛医头，脚痛医脚"的医生一样。

　　举一个不太恰当的例子：病人看病，想要的是康复，但他首先会告诉医生"我想减轻我身体的痛苦"，如果我们只是减轻痛苦，那最简单的方法也许就是用止疼药或麻醉剂了，立刻见效。

新西兰的农田，就像一幅完美的油画。

此外，当客户把企业的目标、团队的目标、他人的目标当作教练目标时，教练也很容易走到解决事情的局面当中。这些目标看起来很不错，但教练是通过被教练者的行为结果来实现这些目标的，因此，教练目标的最底层应该是如何把这些属于他人的目标变成自己的目标。教练帮助一个人去实现他的改变、实现他的目标是很可笑，也是不现实的。

若目标理清了，教练过程会清晰而有力，结果呈现鲜明，也是客户所要的，"成果交付"也就顺理成章了。

当然，教练在开展教练过程之前，一般会评估企业的需求是否适合运用教练的方法进行。不是每一个企业或团队的商业目标都适合运用教练的方式进行。教练最适合企业管理者期待团队成长达成目标的项目。要交付，就交付教练的成果，而不是顾问的成果。要达到的企业结果有时应该综合各种辅导方法进行，而不能只用一种手段。如果教练向企业澄清这一点，企业也就不会逼着教练为了所谓的"结果"功利心而乱打拳了。

▼
▼
▼
▼

# 从 "知道" 到 "做到" 有多远

　　一次教练对话的结束最好的结果只是客户 "知道" 了，而教练的效果是在客户的行动中实现的，行动是从知道到做到的唯一途径。因此，在多次教练过程中，客户的行动与实践是最重要的。

　　每次教练，不管是团队教练还是一对一教练，都会有经过被教练后做出的行动计划与行动目标，没有行动的觉察是空想，下次客户还会继续 "觉察"，变成思想的巨人，但停步不前。只有行动了，不管这行动是行得通还是行不通，都是往前走了一步，也就是在教练中成长了。

　　每次教练前，我都会问客户 "上次教练后有了哪些行动、哪些反思，在行动中有哪些新觉察"，然后看看教练目标是否需要调整，哪些内在动力推动他继续前行，哪些现实困难阻碍他行动。如此一来，客户会在自我负责中不断修正，其内在因行动而发生改变。我很喜欢在一段时间的教练后问客户："与几个月前相比，你有了什么不同？" 客户往往会发现收获和惊喜。如果不强调实践，客户每次都会告诉我收获很大，但每次都有新话题，问题总在兜圈。因为除了思想上的觉察，客户不用自我负责。我发现客户只有在行动中才有真正的自我觉知，而大多数人会主动逃避行动，因为可以骗自己。所以当客户迈开行动的第一步，成长才真正开始。

　　因此，教练是否成功，不取决于教练对话过程，而是取决于客户实践过程。教练是广义的教练，不只是停留在某次教练对话，还要是整个教练关系过程中教练对客户内在与外在行动的影响。

　　每次教练对话结束，我都建议客户思考教练后的行动计划、行动后的结果期待、此目标实现需要的资源，包括能力、信念、角色认知，以及对周围的人、事的影响，还需要什么来保障行动目标的实现等。这是教练推动客户行动的重要行为。

## 从知道到做到，唯一的路径是实践

　　从知道到做到，唯一的路径是实践。做得出来，才是真正的"知道"。但太多的人常与别人比谁知道的多，痴迷于知道，却很少把知道的付诸实践。因为他们心里明白，知道容易做到难。知识如果不能转化为生活，那就是仓库里一堆无用的零配件。

通往神农架森林的路。有时候，只有在路上才知道自己能去到哪里。

# 团队教练就是演奏交响乐

团队教练有着很大的魅力，每一位团队成员都是智慧的源头，大家一起共振，汇成一段交响乐章。不管是一个部门、一群中高层管理的团队教练，还是一个或多个企业核心领导者的群体教练，作为主教练，置身其中，就好像一位自我陶醉的交响乐团指挥一样，享受着智慧的交错、跌宕起伏。

对于团队教练，我有一些思考。

1. 信任关系是团队教练的第一要素。

在团队教练过程中，信任关系的前提是教练的真实与在系统中的自我角色定位。欣赏团队中的每一个人，让每个人都感受到在整个教练过程中自己是被尊重的，是重要的、有智慧的，是系统整体中重要的部分，这样团队真实的底层潜意识与潜能才可能呈现。

2. 清晰的教练目标是团队教练有效的前提。

团队教练比一对一的教练更复杂一些，因为声音多，目标确定前要特别留意个别管理者可能会出现的"一言堂"现象。如果不是大家共同的目标，教练的结果就会收效甚微。不用担心员工的目标与管理者的目标不一致，若非一致他们不会坐在一起。

3. 敏锐捕捉并利用教练现场中的每个资源，包括思想火花、共鸣、潜意识信息以及团队成员中的能量互补信息。教练过程中团队的任何表现和状况都是资源，包括和谐、对抗、沉默、消极言论、积极态度等，都是创造团队觉察的绝佳时刻。

4.团队教练不仅要运用每个团队成员的资源，还要把整个系统的资源都纳入教练的资源体系当中，比如场地环境、上级的出现、意外情况的出现、团队原有的文化氛围、企业文化等。

有一次团队教练开始前，我曾阻止工作人员搬动看起来很不协调的场地布置，搬动的原因是那布置让他们感觉不安全。

5.事件、问题只是表征，教练过程不要被"事"所缠绕，"人"才是关键。也就是说团队对问题的看法、感受、渴望才是教练深度探索的方向。在NLP逻辑层次中对信念、价值观、身份进行系统的探索才有可能找到团队教练的"根"。

6.放开流程，让能量流动。团队教练过程中我会尽量弱化流程，除了理清目标、探索核心和行动方向，我会完全扔掉流程，鼓励探索。教练过程以团队表层目标和事物为起点，逐层深入。我会因势利导，用最易被接受的方式镶嵌教练模型，不拘一格，能量就会流动，这个教练过程就会有节奏。

7.团队教练是一个让整个团队从感性思维到理性思维、再到感性思维的过程。在理定目标后，散发性的感性发挥，可以让所有人的内在打开，不断产生智慧，此时理性思维的作用是把思考落地，寻找关键，与现实联结，最好在后端有感性的扩展（如"你期待看到团队的未来是怎样的"），留下内在情感推动力。

8.教练需要平衡团队的能量，让团队中的每一个信息都被所有人看到，以防智慧只在小部分高能量的人群中流动。

我一直认为，团队教练，应该就是把一个团队看成一个人，团队教练是不同的人的意识与潜意识的对话。一对一教练时，一个人的内在存在着无数意识与潜意识的自我对话。教练所需要的能力因素一个不

公园里的木凳子，见证了我的每一天
从晨读开始。

少。因此，我一直认为，做不好一对一教练的人，也是做不好团队教练的。

国内外有多如牛毛的团队教练模式，某些教练常会以一些教练模型作为整个团队教练的流程与模板，这一般类似引导技术，我觉得还不如直接用引导技术。把握住了团队教练的"道"，教练们便可以达到"手中无剑，心中有剑"，甚至"心中也无需有剑"的境界。

所以，我一直鼓励想从事团队教练的人，不必一定要学一套什么模型，只要遵循教练的根本，大胆实践，琢磨出自己的一套模式，就一定有效。

第三辑··当下与联结

## 放下预设，永远用期待的心情开始每一次教练

教练状态，似乎是高深莫测的东西。我却觉得，我们在教练的每一个时刻，都抱有如探秘寻宝般的好奇，等待着客户出现奇迹，一切便变得有趣、丰富。放下预设，永远用期待的心情开始每一次教练、每一个表达和提问。相信每一次教练、教练的每个时刻，都是不一样的，正因如此，才会有无穷的精彩，这已经是很好的教练状态。

每天晨读，我家的小狗 Lucy 总是在我身旁很安静地陪伴着，好像在思考什么，似乎它更懂这个世界。

# "接触"时刻

　　教练 C.O.A.C.H 状态是指作为教练，其内在修为中应该有五种状态：中正（Center）、开放（Open）、觉察（Awareness）、联结（Connection）和承托（Holding）。第二个 C 是"联结"，我一直没有作很好的诠释。今天参加完型大会后，Vanessa（学员）的一个感悟让我突然想到，客户产生"接触"的时刻，就是联结的时刻。

　　完型治疗中的"接触"，我把它理解为客户在描述某件事情的时候，触及到了自己最真实的感受，内心激起巨大的情绪、能量，身体处于体验时刻。接触得越深，联结就越深，也许这种联结是通过教练与客户同在当下产生的客户与自我内在的联结、与事物的联结，也是与教练的联结。没有了这份"接触"中的联结，客户的内心是飘在"以为"层面的，并不真实，教练就还没有完成"联结"状态，教练关系就还没进入实质阶段。

　　"接触"应该是客户通过事件走进内心真实感受的部分，接触越深，越能走进客户真实的内在世界，教练与客户真正的联结越紧密。

　　这种接触，应该是此时此刻的体验。客户对一切的反应与应对模式都可以是接触的源头，也是与他自己联结的契机，因此，教练完全在当下、与客户的当下同在是联结的基础。

　　联结，不仅是教练看到对方，还有让对方看到真实的自己，看到事件中的自己、事件中的世界，让自己和外在世界完全"接触"。只有在这种接触的状态下，客户才能找到力量的支撑点，教练的陪伴才有方向，一个人的"绝地反弹"点才能被触摸到。这也是教练的联结状态如此重要的原因。

客户的自我保护状态是他真正走进"接触"的障碍，但这障碍的觉察也是走进"接触"的途径。当客户只是在讲故事时，"接触"还没产生。如果一个人感觉自己很难与他人发自内心地亲近，那么他很可能是欠缺这种"联结"能力。

如果教练企图引领、介入客户的内在世界，而不是完全与客户当下同在，与他共同走进"接触"阶段，这种联结也会消失。因此教练只需要感知与顺应这份"接触"，不用力，就会真正保持联结。这需要教练有敏锐的觉察力。

▲
▲
▲

▲

# 与客户同频同在

与客户同频同在，在深层感受上有深度的联结，是教练渴望达到的境界。这需要教练从自身修为出发。

客户在教练心中的位置和状态已经决定教练与客户能否同频。当教练在教练过程之前，已是发自内心地接纳、尊重与欣赏客户整个人，放下对不同人的分别心，完全相信客户自身自带生命力时，教练才可能与客户实现同频与联结。如果问自己的内心，还没做到，甚至有好为人师的欲望，那么客户是能感受到的，同在的可能性也会大大降低。

教练自己的能量状态也是能否与客户有高频联结的重要因素。教练也是人，能量状态有高低起伏是不可避免的。当教练完全安在当下，以最温暖、最稳定的状态从内至外地营造教练关系的氛围时，客户才能因我们而安在。教练的能量状态往往决定了教练场域的状态。这也是我常说的教练是用自身的温度来教练的，不是用语言来教练的。但这种状态与教练对自己和对他人的胸怀、慈悲心和信心有直接关系。

人与人之间的关系是爱与被爱的关系，这是永恒的主题。教练与客户的关系也不例外。

在厦门的街道，我看到这菩提叶，似乎提醒我们也要有菩提心。

▼
▼
▼
▼

# 教练的"跟随"

我总觉得学习成为教练的过程就是学习做人的过程。今天与学员们一起练习教练中的"跟随",体验到了一种完美的和谐与流动。有学员很感慨地说:"在我们的生活和工作中,有很久没有体验到这种跟随与被跟随的感觉了!"

我们常常期待他人跟随,跟随自己的想法、跟随自己的情感、跟随自己的步伐和方向……当被人跟随,我们感受到了被重视,感觉到了自我价值,也感受到了一份联结与同频,也感受到被允许的无限空间。于是我们总是追逐被跟随的感觉,有时甚至到了固执与盲目的地步,因为这种被跟随的存在感太重要了。追逐被跟随感是追逐和体验"我"的存在价值,发展"我"的生命张力。

其实我觉得懂得跟随才是真正的智者。

懂得跟随,在支持、承托、成就他人的时候成就自己。在他的世界里,不仅有"我",还有"我们",还有"世界"(整个系统)。

在教练过程中,跟随意味着教练的内在完全与客户融为一体,教练深度聆听客户内心世界的流动,就像把脉一样敏感捕捉客户内在期待的方向,紧贴客户此时此刻内在的生命力与渴望的走向,给予即时有效的承托。

教练跟随的前提是深度聆听,而深度聆听的前提是对客户完全的接纳与允许,其中有尊重与联结。同时,教练需放下对自我意识的执着，与客户一起专注，好奇于客户的生命力。这是一种美妙的融合，看似忘我，实则把"我"融合到了"我们"，是一种高贵地放下后的统一。教练在承托他人的同时成就了自己内心无限的格局。

昨天我为了展示怎样才是"不跟随"，很努力地模仿人们日常生活中强调"听我的"的状态，我发现只要不聆听他人，便可以轻松做到"不跟随"。因此，我明白了当我们只有"我"、强调他人跟随我时，我们内心是没有他人的。这样的我们是很难与他人和谐共舞的。我们的世界里没有他人，他人眼里又怎能有我们呢？当我们主动跟随他人，他人也会主动跟随我们，双向的跟随像一首美妙的交响乐，和谐与平衡的流动因此产生。

我也在想，领导者的"跟随"，应该就是跟随系统、跟随团队整体的动力，与团队、系统共舞。

教练过程是教练与客户心灵共舞的过程，教练在跟随的同时感受着客户整个人，创造着教练与客户共同的、更大的内心世界，客户也因教练的跟随而被激发出无限的想象。

日常生活中，为了证明"我是对的"，有多少人陷入了无休止的挣扎当中，何不放下这份执着，体会跟随的美妙？

学习教练，就是修炼做人。

## 关于"教练感"

正如任何一门艺术一样，教练技术也源于生活、高于生活、回归生活，但其根本是忠于人性本质。我想最高的教练状态应该是与人的生命力产生最真实的联结。

教练到了一定的状态，会触摸到"教练感"。不需要分析，不需要理由，人与人之间产生深深的联结、共鸣，就如飞天共舞，时而如波涛汹涌，时而又微波粼粼，触摸到的是人性中顽强的生命动力。这种"教练感"，努力不来，争取不来，不知从何来，如天意而为，时隐时现，也许是自己功力未到，但偶尔触摸到，已是兴奋不已。

# 修炼 "不知道" 的艺术

我们都知道的太多太多，于是总是用我们自己世界里的东西去认识、衡量他人世界里的东西，而且很喜欢预设和假想，这便是评判的源头。当教练的评判开启，教练的好奇心便被关闭，此时教练看到和感觉到的大都是自己选择和加工的信息，认知的世界被局限在 "我知道" 当中。但往往很多人还以此为傲，特别是格局不够高、自我价值感不强时，最容易死死地攥着 "我知道" 不放，因此把自己困在狭窄的认知空间里却不自知，外人却看得清清楚楚，也因此命名为 "固执" "自我"，但他自己会认为这是 "主见"。

知道和主见确实重要，没有知道，主见便没有了自我。但比起我们知道的，未知的世界里有无穷无尽的可能性。在认识世界、认知他人、与他人联结时，若我们事事从自己的认知出发，死守自己的 "主见" 而忽略了打开未知的可能性，就会陷入评判，进而屏蔽自己和他人未知的浩瀚无垠的宇宙。

我认为学习教练首先要学习 "不知道"。当我们怀着 "不知道" 的心态时，我们放下自我、放下控制，对世界充满好奇。这时候我们的视角和内在能量便会聚焦在未知世界更广阔的可能性当中，奇迹往往会发生。作为教练，我们的 "不知道" 让我们看到、听到和感觉到客户真实的内在世界，同时也会激发客户对自己的内在世界产生更多探索的欲望。

蚂蚁永远不知道这个世界有多大，却对眼前的一切有超强的敏感度。

　　这时的教练过程犹如在神秘世界里寻宝一样，每一步都充满挑战，也充满了对奇迹的期待。这让我们面对每一次教练、每一位客户、每一次交流都如寻宝般充满乐趣与惊喜。一切的变化和未知都成了资源，困难也成了宝藏最好的信使。

　　要拥有"不知道"的能力，教练需要先放下内心的傲慢，真正地从内心里意识到每个人都是具足的、充满生命力的。因为只有这样，我们才愿意放下自我，放下控制。

　　教练还需要培养对世界强烈的好奇心，内心如孩子般纯粹，体验每一次探索未知带来的兴奋和愉悦，以期待的心情迎接一切变化和困难带来的挑战。没有了强烈好奇心的"不知道"是没有任何意义的。

　　培养"不知道"的能力，还需要教练放下自作聪明的预设，专注当下。只有当下的未知是我们能强烈感觉到的，也是我们可以把握的。客户的一点点的思维变化、情绪变化、能量变化，都反应在此时此刻。只有不预设，教练才能感知当下的信息，捕捉这些信息中通向宝藏的线索。客户也会因为教练当下的好奇状态勇敢地探索自己的未知。

教练"不知道"状态下的好奇有两种：一种是对客户表述的信息好奇，那是教练自己的好奇，不是我们鼓励的教练好奇；另一种是好奇于客户的好奇，与客户一起面对他的未知，这种好奇才是与客户一起在寻宝，这才是教练有价值的好奇。当然，第一种好奇如果能引发教练的第二种好奇，也不错。

放下对"我知道"的执着，才能放下控制，才可以打开未知世界的无限可能。奇迹就在未知当中，让我们做一个"不知道"的教练。

专注，才能卓越，然而专注的前提是浓厚的兴趣，而不是用力地"坚持"或"严格要求"。浓厚的兴趣能激发高度的专注。如果客户对达成他所描述的目标的动机强烈，达成目标效果的可能性就很大。这也是很多人认为自己没"恒心"、不够"自律"的原因。因为没有真正的兴趣（动机），只是意识与教育让我们认为"应该"。

人对一件事情、一个目标的兴趣，往往来自于未知。对未知的好奇犹如探险，充满发现奇迹的期待。所以当客户对以为早已熟知的人、事、物保持"不知道"的好奇，教练对客户的内在也保持"不知道"的好奇，专注便会产生，内在干扰就会降至最低，教练效果便会凸显出来。

## 兴趣驱动和好奇可以让人真正专注

完全地专注可以让人排除内在所有的干扰，达到高峰体验，创造出难以想象的奇迹。但努力、坚持和强迫自己去专注都是不可能达到高度专注的。只有强大的兴趣驱动和充分的好奇可以让人真正、完全地专注，这是放松且享受的专注。这是教练应有的状态，也是引导客户探寻的方向。

春节时，我折了一株盛开的桃花插在花瓶里，家里的小猫比所有人都更加高兴，它的好奇心比我这教练强百倍，好生羡慕。

▼
▼
▼
▼

# 教练的 "评判"

在教练过程中，并非教练的所有观点都是评判，有时教练可以刻意去 "评判"。比如看到客户的优势、努力、成就，或者感受到客户的积极、自信、坚韧等优秀品质时，可以反馈出来，让客户自己也看到。这样做可以增强客户内在的力量，使客户更自信。此时教练不必太过担心自己的评判。

但我们传统的 "批评使人进步" 的观念，大多数都是彻头彻尾的评判。有些教练甚至以为这是 "棒喝"，或者 "挑战"，其实是想表达 "我比你看得更清楚，你错了，我来教你！" 这样做不但不能让客户找到自己的力量，反而可能让客户因为相信教练而失去自己。在教练能力中，有一种能力被称为 "直接沟通"，是把教练自己的觉察、直觉与感受反馈给客户，挑战客户的思维局限。这样做的出发点是教练把自己作为旁观者资源，像镜子一样反馈给客户，往往会带来意想不到的收获。但其出发点和表达形式都不会让客户感到是评判。直接沟通中的表达有时与评判只是一线之差。当我们挑战客户时，教练的内在出发点不一样，客户的感受也就不一样。

在教练过程中，如果客户在自我探索中看到了自己的局限、盲区，这便是突破和产生觉察的好时机。此时教练保持好奇与中正，让客户走进自己的觉察中，往往会有意外的惊喜。一般情况下，客户或多或少都拥有自我觉察力，若他没觉察，是因为我们没走到对的地方。

　　好奇、专注于客户的内在本身，完全相信客户的具足，不被表面故事或者观点所左右，中正便会产生。在此基础上与客户同在，走进深层次聆听，此时哪怕是教练有了自己的观点、感受，也是从客户的角度看到的，是可以给客户赋能的，这样的反馈已经不必要去计较是否为评判了。此时，大胆地去呈现自己，对于教练和客户都是必要的。

　　但在教练过程中，教练保持中正、不评判，才可能让客户探索自我。每个人其实都有自己的内在力量系统，但往往有些人用自己的内在系统去判断、要求他人，还觉得自己是"对的"，特别是教练过于热心或好为人师时，评判便出来了。

▲
▲
▲

▲

# 教练的当下状态

有些内在品质可以让一个人安在当下，并能感受到内心的丰盛，如果缺失了，就会产生不安和焦虑。这些品质包括自我尊重、专注当下、放下评判、欣赏与感恩、接纳自我。

我们常以为外在环境让我们无法安在，其实是我们的应激反应蒙蔽了自己的内心。当我们完全地沉浸于内心这片土壤，内在的丰盛自然而生。

在教练过程中，我常让客户感受自己内心的这片土壤，客户往往可以发现自己的内心在某些深处正往相反的方向走，而且会用道理来说服自己，于是身心不合一，走得越远，内心越不真实。有些人学的越多，离真实的内心越远，正是如此。

我总相信人的潜意识是可以帮助自己的，其中的恐惧、焦虑、否定等干扰因素都是为了回到平衡。从接纳开始做工作，我们常常会找到自己内心富足的方向。

这种富足的能力，似乎是从安在当下开始的。只有当下，是真实的存在。所以我觉得这种能力也是教练修炼自我当下状态的前提。

作为教练，在与对方交流时要感知相互的交流空间，不仅感知自己的所思、所想、所感，也感受当下对方的一切，创造一个双方流动的互动空间，这是很美妙的。我们不用对方的过去或自己的有色眼镜评判对方当下的一言一行，全身心投入感受、聆听对方当下的模样，真正感受对方此时此刻真正的样子，创造双方全新的当下感受，这样，教练才可以发现一段全新的关系，并且每一个瞬间都是全新的、富有创造力的、永不厌倦的。

除了相互关系，教练的当下往往会被教练自己干扰，比如会因为对过去的抗拒、对未来的焦虑、对自我的评判和对他人的眼光的在乎或指责而离开自我当下。这种状态下教练是不可能与对方创造一个全然地在当下的状态的。此时教练需要接纳、放下，像探秘一样好奇，然后完全体验自己的每个当下。稳定的能量和满足会让关系奇迹发生。

如果一个人全然投入到一段关系中，那么整个宇宙都有机会参透这个人。

这也是为什么说"不评判"和"好奇"是引发教练能力中"在当下"能力很重要的因素。

池里的鱼不紧不慢地游过来，我在想，它们才是真正活在当下的。

晨光初露，酒店窗外的湖面一片宁静，此时的大地似乎正准备向人们打开它璀璨的内心世界。

## 专注当下

当一个人处于极度专注状态时，外界对他的干扰影响是最低的，他能产生巅峰体验。教练让客户专注当下的目标本身，并不考虑可能与不可能、得与失，专注时客户的直觉力最强烈。让客户专注当下的目标便是教练的方向。因此，当教练处于第三层次聆听（指教练过程中，教练感受并辨识到当下客户全部的能量气息、情绪与身体反应所带来的整体信息，包括客户所有显性和隐性的内在信息）状态时，我们说所有的教练提问都来自客户内在。

# 客户的当下状态

在教练过程中，教练常常会感觉到客户经常不在当下，客户天马行空地回答着教练的问题，客户进入不了自己的内心世界，我将这种情况称为"灵魂出窍""心不在焉"。这时，客户状态需要被"管理"和关注。

客户是不会错的，教练需要调整自己当下的状态，吸引客户回归当下。教练的状态就像柔软的垫子，承托着客户的任何状态，客户可以随意地蹦跳而不担心被摔倒碰痛，只有这样客户才愿意在教练面前回到自己的中心，否则客户会放任自己的思绪飘在空中。

教练本身的状态会直接反应在教练的能量气息当中。是否安稳，是否专注，是否有温度，是否有联结感，无不被客户的潜意识所接收。因此，当教练自己或飘忽，或焦虑，内心无法聚焦时，客户都能感知到，此时教练是无法让客户回归当下的。

当教练感觉到客户的心飘在外时，教练需要让自己安定下来，聚拢内在气息，聚焦于与客户的联结当中，并以关爱之心聆听客户，进入客户的内在世界。这样做教练便可以稳定自我，同时散发出与客户有了深层联结的信息，就如同张开双臂拥抱客户的归来一样。客户自然被这种关爱与专注所吸引，会主动回到与教练同在的当下，于是客户便有了回归自我中心的状态，开始感知当下自我。

因此，教练是通过自我状态影响客户状态的，这也被称为"管理客户的状态"。当我们认为客户状态无法进入被教练状态，或"太上脑"时，教练还是看看自己的内在状态吧。

▲
▲
▲

▲

# 承托内心的灵魂

许多教练问我"教练的'Holding'（承托）为什么重要，怎样才能体现"。今天为学生做教练示范的时候，我感觉教练的承托状态是让客户有信心和力量找到自己内在力量的关键。我觉得教练最起码可以从以下三个方向去实践。

首先是教练发自内心地相信。当教练发自内心地相信客户自带生命力时，客户因为教练的相信而信任自己，内在自信自然被唤醒。教练从心底认知到语言、语音语调、眼神等，完全地让客户感受到真正的相信，就是最好的承托。

多年前，一位客户接受了我一段时间的教练陪伴后走出人生的低谷。她很感慨地对我说："从以前的辅导者眼里我看到的是怜悯，但从你的眼里我看到的是相信，因为你的相信我相信了自己！"

其次是"看到"。当客户的底层内心世界被看到并被反馈，感觉"你懂我"的时候，客户的内心就像被安抚了一样。客户会感受到教练的陪伴如同知己相伴，会更有勇气挑战未知。因此，"看到"也是承托。

最后，教练的承托力还来自教练明白"阴阳相生"。当看不到希望时，客户经常把自己置身于受害者角色，教练让他看到"Yes"后面的"No"和"No"后面的"Yes"，并引发他正向探索，使他从受害者转变成为创造者，此时正是让客户感受到绝望中存有希望的承托。比如，当客户说："我似乎走进了人生的低谷，很无助。"教练问道："如此无助的你内心底层最强烈的渴望是什么？"教练的这个提问就是一种承托，因为教练看到了客户痛苦中的渴望。

当客户感觉到教练没有任何评判，只有爱和联结时，客户就感受到了承托的力量。这是一份爱的承托。客户常常告诉我，并不是我的教练技术让他得到支持，而是从我们的教练关系中，他感受到的是一份尊重与爱的承托。我总觉得，教练内心对生命的爱有多大，教练的承托力就有多大。

教练的自我状态也决定了承托力的强弱。当教练自己对自我有充分的相信，并处于稳定的教练状态时，客户会感受到来自教练自身能量的滋养。从另一个角度说，客户的信任是有条件的，如果教练本身的气息飘忽不定，客户会选择自动屏蔽真实的自己，此时承托就变成了空话。教练的承托，与教练本身的自我修为和生活阅历有很大的关系。

当客户被很好地承托，客户就会有力量挑战目标，并且一步步走向完整的自我。

我常常想，这里说的是教练的承托，在日常沟通中何尝不是如此？有时候我觉得教练的艺术就是很高层次的沟通艺术。当我们需要力量的时候，一个人能在我们的灵魂深处轻轻地承托着我们，相信我们、懂我们，我们就能凭着自己的智慧与力量站起来。

（补充：大部分人把"Holding"翻译成"抱持"，但我觉得这在中文里有点词不达意。"承托"是我自己的翻译，因为我觉得在教练中"Holding"是支持、鼓励、给予信心与希望，有承托其内心使其有支撑力的含义，因此我个人觉得用"承托"一词更吻合，但中英文始终不能完全一致，所以我也赞成英文好的人直接说"Holding"。）

# 教练的节奏感

在今天的教练过程中，我着急了，问了一个又一个的问题，我忽略了客户的当下感受，也失去了教练的节奏，我很好地体验到了什么是失去当下的教练状态。

教练过程是与客户共舞的过程，而客户当下内在的情绪与身体感受是最敏感的，超越话题本身，也是客户真实内在的需求。当情绪与身体反应被释放，客户的智慧也才能被开启。如果教练没有觉察客户身体感受与情绪，就急于进入话题，过程中又忽略了照顾客户当下的感受，客户便会有被推着走的感觉，教练的节奏就变得过于急切，客户的智慧也会被堵塞。

要做到教练的节奏处于流动状态，教练需要完全地与客户在当下，融入客户的情感当中，并如呼吸同步般感受客户当下的情感需要，在提问节奏、纬度和声音方面与客户同频。一位学生曾告诉我，她花了两个小时陪伴客户舒缓情绪，然后才真正进入教练会谈，我认为这样做很对。

在交流过程中，教练需要将身体感受、情绪置于理性思考之前，甚至过程中用直觉敏感感受客户的内在情绪变化，给予情绪舒展与安全的空间，完全与客户的内心状态同步，以教练自己的潜意识接收客户内心的节奏，松紧、快慢皆同步，一切便自然而然发生。当教练想去"帮助客户"思考时，客户的内在智慧便会消失。

每次教练都应该有和谐的节奏感，就像一部跌宕起伏的乐章。教练安在当下，相信客户的内在智慧，深度聆听客户内在的声音，所有提问犹如客户在叩问自我，所有的节奏也要交还客户引领，时而快如暴风骤雨，时而宁静如湖水，无论如何皆由客户内在引领。

在整个教练过程中，教练要有清晰的角色定位。在帮助客户理清内心的目标后，完全放下对结果的期待，相信"老马识途"，教练只负责还原客户的深层渴望与视野，并在路途中为客户捡"金子"，客户自然会回到心中的家。

从客户的体验来说，教练的过程应该让客户感受到整个过程被承托，内心自由驰骋，前路被照亮。即使是直接沟通，客户的感觉也是像照镜子般自己看到，而不是被教练硬推。

一次有节奏感的教练交谈，教练自我状态是完全放松与专注的，教练内心有力量且温暖。当教练处于焦虑或紧张状态当中，教练关系也会被感染而变得紧张，节奏也就乱了。记得我的教练总在美丽的森林、湖边与客户散步中教练，听着鸟语闻着花香走在湖边小道上完成每一个教练约谈，我想是有她的道理的。

教练过程的节奏感体现了教练与客户共舞的同频度，表面上是教练的节奏，实际上是教练过程内在当下流动的状态。今天的教练过程给了我很好的体验，感恩我的客户。

# 教练联结的修为

教练过程结束后，客户说"我很少向他人如此敞开地说及自己的内在"。听到这种话，我感觉到的是我们在整个教练关系中产生了深深的联结。教练状态中的联结，是关系中最妙不可言的部分，就像彼此心中的莲花盛开，其中有慈悲、爱、欣赏与接纳。

感知到了这份生命中的联结，生命力便被打开，教练关系在对彼此的接纳与欣赏中被滋养、被激发，一切奇迹将因此打开。

如果教练中的联结被中断，怀疑、自我保护、自我屏蔽和自欺就会发生，再好的教练技术都回天乏力。因此，当我们觉得教练过程艰难，也许教练联结已不再，教练需要有当下的觉察，调整内心距离，保持教练关系的松紧度，以便给客户足够的内在安全空间。

关系的联结深度是不能设计出来的，不可以用技巧达成，那是一份彼此的直觉与感受。教练关系中达成一份美好的联结与教练本身的修为有很大的关系。

教练的内在修为会呈现在他的能量气息当中。当教练的内在是真实的、稳定的、成熟的，是包容与接纳、充满慈悲的，客户会感受到信任与真实。这是人与人之间联结的前提。如果一个教练感到自己是这样的人，但还常常被客户怀疑，那他一定需要自我觉察。

一份好的联结关系，还与教练的深度聆听状态有关，要真正读懂我们的客户。深度聆听的最大敌人是自我。当我们无法放下自我，我们会假装聆听，会不经意地评判，实际上没有真正感受到客户的深层呼喊。有时客户需要的是教练的聆听，哪怕只是真诚的静默陪伴。当客户感知到我们发自内心的相信与接纳，这静默已经是最好的聆听。当感受到被读懂，联结便会产生。

联结关系也与教练内心是否接纳与相信客户有关。不管客户是否表现得如我们所愿，我们都能看到一个生命的原动力，感知到他的生命之美。我常对自己说：坐在我对面的，是他父母珍贵的孩子，是他孩子珍贵的父母，他也是期待自己在工作中充分展示自己的价值的人，他对我的信任是无价的，目前的一切都是他自我生命生长的渴望与挣扎，我选择无条件相信他。于是我的内心便有了欣赏与接纳，客户也能感知到我的内心状态。这种内在状态是假装不了的。

与他人有好的联结，需要教练具备爱的能力。爱世界、爱他人是一种能力，这种能力似乎与生俱来，这与我们读多少书、上多少课、明多少道理关系不大，反而与我们是否爱自己、是否接纳自我有关。一个懂得爱自己的人，会接纳自我，接纳自己的不完美，爱自己如爱自己的孩子。

联结也与教练是否安在当下的状态有关。教练也是人，会有七情六欲，内心时而波涛汹涌，时而平静如水，皆属常事，但在教练关系当中，我们可以做真实的自己，同时与客户的内在同在，彼此滋养，如知己相遇，安在当下。

教练关系是一个生命与另一个生命的共舞，有了一份深层次的联结，生命的奇迹会出现。其实，人与人之间的关系，不也是一份联结吗？

▼
▼
▼
▼

# 与自己建立联结

昨天一位资深教练问我："为什么我很难感受到别人的情绪，甚至很难真正地体会到那种畅快淋漓地快乐的感觉，但我看其他人可以。"我回答："因为你没有真正地与自己建立联结。"

在教练过程中，我经常遇上这样的人，总是无法感受到自己真实的感受，更难感受到其他人的感受。他们很努力地服务于他人，也很努力地追求上进，做事情甚至比很多人出色，但却无法体验那种与他人真实情感的联结，也很难体验到自己内在真实的情绪感受，无法接触到自我内心柔软的部分。这种感觉，其实是因为与自己断了联结，无法体验到真实的自己。当处于这种与自己联结的缺失状态时，人们会不断用道理说服自己，用理性代替真实的体验，就像永远也触摸不到自己真实的感受，越用力，离自己内心的真实越远。在日常生活中，他们往往也能觉察到自己的"僵硬"，但无法触摸到自己的内心，欲哭无泪。懂的道理、知识越多，离自己的内心越远。

与自己联结，是一种体验。有了这种联结，就能真切地触摸到自己内心的起伏，不需要经过认知便能感受到自己的悲与喜，能感受到与自己拥抱的温暖，也能真切体会到他人内心的冷暖。就如随时可以闻到大自然清新的气息，感受到四季更替、日出日落带来的喜悦与忧愁。与自己联结，就是与自己内心最柔软的部分接触。当我们完全地信任自己、爱自己的时候，我们就能体会到这种联结。只有与自己建立联结，才有可能与他人产生联结，才会有"真诚"的出现，否则也只是用"我应该"来强迫自己假装联结，不真实。

记得小时候我最喜欢做的事是每天清晨醒来，把鼻子凑到窗口，大口大口地呼吸着来自田野的草木的味道，感觉到自己与大自然融为一体的快乐。那时的自己是忘我的，却又是完全地与自己在一起，没有思考，也没有想象，就在当下，在体验自己的当下，就是与自己联结。

我们大多数时间都是忘掉自己的，也体验不到自己的感受，经常"灵魂出窍"，只有理性思考，这是很可悲的。有人甚至一辈子都只是活在"应该"当中，活在一个僵硬的外壳当中，没有一刻体验到真实的自己。

做一个有温度的人，享受到活着的愉悦，首先要与自己联结，感受到内在的柔软，接触到真实的自己。与自己联结，才有可能与他人联结，感受到他人的感受。

能体验到拥抱自己的安定与温暖，才能拥抱他人、拥抱世界。

▲
▲
▲

▲

▼
▼
▼
▼

# "刚刚好"的联结

今天与一位教练谈起教练与客户间的联结度，我说"联结是有安全度差异的，有时保持适当的空间就非常好"。

教练不应该单方面地强调与客户有深度联结，"刚刚好"的联结最好。人与人之间的联结也是一样，每个人对与他人联结的需求和安全区都是不同的，而且因时、因地、因人而异。过了，会引起焦虑和抗拒；不足，会感觉疏远与冷漠。

我发现一些教练过分地强调联结，在客户没有完全准备好的时候表达亲近，让客户产生不安全感。就如同有些人明明与我们初次见面，但就好像很熟悉似地直呼我们的小名，让我们觉得浑身不自在。人与人之间的联结是有安全区的，有些人近些，有些人远些，这与是否接纳我们并没有多大关系，与人们内心安全度与联结度的平衡有关。"刚刚好"的联结是让人最舒服的，也是最恰当的。

有些教练因为客户与自己心里保持距离，就觉得是客户不接纳自己，因而沮丧，那是太把自己当回事了。客户此时更需要的是关注他自己的内在，作为教练应允许他在安全的心理空间做最真实的自己。

昨天的教练示范中，我发现客户谈到某些深层问题时欲言又止，似乎很难启齿，我意识到他徘徊在联结的安全区与恐惧区之间，于是问他："似乎你是知道其中原因的，是吗？"当得到他点头肯定后，我便直接跳转，问："所以你觉得什么是关键？"我没有挑战或者让他打开心中的秘密。有学员问我，"为何允许他逃避？"我的回答是："我尊重他的安全区。"

要做到"刚刚好"的联结，需要教练对客户和自己的内在有敏锐的觉察。当教练足够在当下，足够深度聆听，教练是可以感知客户对联结度的感受的。过了，我们会发现客户内在存有勉强与拒绝；不足，我们会感受到客户的自我保护。

这种感觉，就如对于有些人，我们希望与之拥抱，有些人能握手就好，而有些人只需要彼此点头，这些都很好，没有对错，尊重彼此。我一直认为联结度是"过犹不及"。

要做到"刚刚好"，还需要教练放下自己的企图心。最害人的是我们把自己的"存在感"需求加到了别人身上，总期待对方与自己的联结一开始就很紧密，当觉察到对方的距离需求时，便否定自己，那其实是我们自己的需求。一名合格的教练要接纳客户的安全需要，而且客户的任何状态都是教练的资源。

"不迎不拒"，为客户提供最安全的、最有温度的空间，让他可以完全地做自己，生命之美会自然呈现。人与人之间的关系不也是一样吗？

我又一次感受到做教练就是学习做人了。

THE COACH'S WAY

第四辑：创造觉察

## 觉察是让内在潜意识被意识看到

一直以来，我总觉得自己有一个毛病，每当完成一个大的任务，大家都在庆祝、狂欢的时候，我会第一时间一个人躲到安静的角落，不希望被任何人打扰，内心十分消沉、低落。之前，我百思不得其解，这种异于常人的心态常常让我很是苦恼。直到有一天，我意识到我的内心有一份很大的离愁，我需要的是功成后的庆祝、完整的道别。当我意识到这些后，这种消沉的感觉就越来越淡了。

一个人深层潜意识的力量可以是十分强大的，常常可以在无意识当中牢牢控制住人们的情绪、行为模式，甚至是身体反应，于是人们有了很多自己也无法解释的难以自禁或痛苦。在教练过程中，当客户足够信任教练，并被读懂，他便会层层打开，触摸到这种潜意识中的自己，觉察便会产生。觉察是让内在潜意识被意识看到，并作为资源被运用，如此自我改变便会产生。而一切觉察应该都是"当下"反应的觉察。

# 聆听客户内在的声音

昨天教练的时候，对于深度聆听和随后的直接沟通我有了一些感悟：深层聆听，比意识听深一层。这似乎可以解释很多个案之所以平淡无奇的原因了。

1.客户最深处的潜意识往往与他的生命力渴望有关。我们经常听到的是故事、观点、解决方案的渴望、表面价值的追寻，比如"金钱""地位""成就"等，实际上他是透过上述表面需求，表达自己心底里对自我认知的期待。

有价值、有安全感、被爱、有归属和创造自我，这些是客户的最底层需要。沿着这些方向去聆听，教练就会透过表面表述发现客户真正的内心，从而获得面对议题的力量与资源。教练也就不会纠缠于解决问题了。聚焦于解决问题是治标，聚焦于问题中的生命力才是发展的根本。

例如："我与合伙人的价值观完全不一致，但离开又不是时候……"

"是什么让你不离开？……"

"你内心真正的冲突对话是什么？……"

不纠缠于解决方案，关注客户面对这件事当下的内在世界，客户自己就会发现真正干扰他的是内心的安全感，而自我价值观的坚守又是客户最大的期待。因此这位客户感受到了自己内在有两种力量在对抗，此时教练关系走进深度的自我探索。

2. 深度聆听应该是整个教练过程全方位的聆听。所谓"整个教练过程"指的是客户前后表达贯穿下来的整体内心起伏。有时客户会自我混乱，自我欺骗，头脑（意识）层面与潜意识打架，但告诉教练的是客户自己经过说服自己之后的"应该"。

比如昨天的客户，不断反复强调"只要跟他一起共事，我就不可能有自己的发展……"，但在前后述说中我明显感觉他说的时候底气不足，而且前面他提到过"目前不是时候"，于是我问道："这种纠结对你的价值是什么？""当你这样说时，你看到了一个怎样的自己？"他觉察到自己其实是在努力寻找此阶段的平衡点，而且最后制订行动计划时也印证了我的确听到了他的潜意识。

因此，聆听需要感受整个过程客户的状态、内心的对白，不要被客户的几句话所蒙蔽。

3. 教练的深度聆听需要比客户意识到的自己听深一层。有时客户对一种状态有了自己的感受与想法，我们是比较容易听到并做出回应的。但我们不能仅满足于此，还要听到他的潜意识中去，比他自己更加清晰地看到他没有表达出来的内在东西，然后用直接沟通反馈出来。此时，觉察最容易产生。

例如："谈了那么久，我还以为自己已经释怀了，但现在看来我还是在纠结当中，我怎么这么没用啊！"

"我感觉到的是你突然意识到有更关键的地方需要你面对，是吗？"
此时客户立刻有了能量。

4. 当教练走进客户的潜意识中，教练基于深度聆听的直接沟通不是评判，却有奇效。

上述的直接沟通是基于深度聆听而反馈的，基本上相当于"复述"或解读客户的内心，目的是让客户看到自己的深层意识，而且是积极的。当客户看到了自己都意识不到的内心，觉察就产生了。

这种直接沟通的作用是把客户自己听不到、看不到的潜意识"翻"出来，让他看到，是"镜子"，但此"镜子"能照出他的潜意识。

昨天的客户一再说自己不愿意面对风雨是逃避，我说："可我听到的是'我的内心期待积极面对'，我对吗？"客户由此看到了自己积极的一面。我认为这是有效的直接沟通。

如果聆听到的只是表面，这种直接沟通就很容易滑向评判。

## 聆听是爱与联结

深度的聆听，不仅仅是理解与反馈，还是对客户完完全全地接纳与关爱，在此基础上能产生深度的联结。被深度聆听，就如心底里冰封已久的孤独被对方的温度慢慢融化。只有真正接纳和关爱一个人深层的渴望，联结才会产生。教练的深层聆听不是听，而是联结与爱。

这种聆听不仅是通过听，还通过感受、超越理性的直觉被接收。

无锡街边的一家老宅，好像已经破败了，但依然能感受到当年主人的文人风范，里面透出一种文人雅客的儒雅气息。人的能量、气息有时会透过这些静物被记载下来。

## 深层聆听

　　深层聆听，犹如宁静的黑夜，听到一根针掉到地板上的声音。这只有在心静如水、与客户发生深度联结时才会发生，也就是教练在完全当下状态，与客户深度联结时，才能"听"到。教练是一门艺术，最高境界是还原上天给人类的完美天赋，包括感知自己和开启他人内在世界的天赋。

西雅图海边，海鸥似乎与我一同眺望远方。

## 一切都是觉察的资源

　　教练时，客户的任何状态都是信息，也都是当下珍贵无比的资源，包括我们喜欢的、不喜欢的情绪、思想、能量状态、语言和行为，还包括真实与不真实，头脑层面或深层感受层面。如果教练只在乎客户所谓的正能量或深层感受，而忽略了其他状态带来的信息，那我们就已经是带着自己的目的去做教练了，会错过客户觉察的大量时机。教练中，只有信息反馈，没有对错，或应该，或不应该，客户都是在当下的反应中觉察。

# "陷入" 与 "抽离"

　　教练过程中，教练常常会被客户的故事"带跑"，陷入帮助客户解决问题的具体细节当中，因此教练把自己卷入了跟客户一样的困惑状态，被逼着创造问题，甚至给建议，或者带着客户"游花园"。这是典型的教练只关注了"事"，而忽略了"人"。

　　客户一定是以"事"作为教练议题的，但教练的作用是让客户透过"事"，看到自己内在的心智模式、动力模式，从而发展自我，达成更大的人生目标。这需要教练帮助客户从"事情"中看到自己当下的内在世界，激发更高的内在智慧，而不只是帮助客户解决当下的问题。

　　教练要相信，当下"事"的问题，只是一个风向标，意在告诉教练，客户想要去哪里，就像一个人渴了，想喝面前的一杯水，哪杯水不重要，重要的是"渴"。

　　但客户往往会处于"陷入"状态，有点"只缘身在此山中"的感觉，如果教练长时间在"事"的层次与客户兜圈，也在"陷入"状态，那教练效果必定是无效的。其实这种状态下，需要做的是"抽离"，让客户从更高、更广、更深的角度看待自己的"事"。比如当客户长时间纠结于"事"的时候，我常常会问："从这件事里，你看到了什么？"或者"从这件事里，你看到了一个怎样的自己？"或者"在这件事里，你发现自己在追寻什么？"……这都是抽离性的问题。

　　昨天，我的一位客户，在交流中情绪焦虑，思维混乱。当我问他究竟想要什么的时候，他的第一反应是"不知道"。我感觉他被情绪严重干扰了。于是问他"发生了什么事情？"他还是回答"不知道"。我知道如果此时也陷入他的情绪中，企图疏导他的情绪，会让他的内心更加混乱。于是我说："我是说现在的你怎么啦？"他似乎醒悟过来，回答："是啊，我到底怎么啦？"后面的对话中他对自我有了很好的觉察。当时我运用的便是让客户从"陷入"转向"抽离"。

当然，如果没有"事"的探索，教练和客户都会无所适从，因为任何人或团队的内在都是通过"事"来呈现的。因此，当客户长时间在"抽离"状态时，比如一直诉说，但好像说的是别人的事时，我会问"当你谈起这事，你当下的感觉是什么？"或"在这件事情当中，你在哪里？"或"在这件事情中，当时的什么场景引发你的情绪？"甚至用肢体语言、场景再现让客户回到事情当中，以创造"接触"的体验，这种体验是可以让客户找回走向内在的源头，但目的一定不在"事"当中。

所以，教练需要时刻敏锐感觉到客户的"陷入"和"抽离"的需要，让教练过程犹如一首交响乐，有潮起潮落的节奏。

我认为，作为教练，我们之所以沉迷于解决问题：一是讨好客户，容易看到"效果"；二是教练太想"帮人"，也太期待自己在客户眼里是个"好教练"，因而急于帮助客户解决问题。但多年的教练实践告诉我，真正优秀的人不会只盯着你帮他解决了什么问题，而更在意在这件事情里他的内在有了什么突破。

实际上，对于教练来说，是解决问题重要，还是透过问题激发内在天赋重要，也只是一个先后结果的问题。就好像一个二流的商人会注重自己"赚多少钱"，而一流的商人会注重"我对客户有多大价值"。

教练完后，我常常听到客户说"原来自己的问题完全不是问题"，所以，小心被客户"骗"了。

# 教练的持续性

　　一名篮球运动员，不可能因为受他的教练的启发，就能马上提升球技。他一定是在受到教练的启发后，持续地训练、实践，在实践中逐步体验到教练预期的效果，最终实现能力的提升。教练的效果应该是体现在行动实施中，而非一次教练过程中。

　　因此，教练应该是一个持续陪伴、持续实践的过程，而且教练的核心焦点应该是客户在实现行动计划过程中的体验，教练不应该把全部精力都放在一次教练对话中。

　　教练的陪伴应该贯穿客户持续成长的整个过程。这一过程不仅包括了每次教练对话中教练的承托、创造空间、运用客户内在系统自我发展，更重要的是支持客户创造"自我训练体系"，也就是实现目标的行动计划，让客户在行动中体验成长，达成目标过程。这就如同运动员得到教练的启发后，在持续训练中找到自己的"肌肉记忆"一样，直接体验在行动中的情绪与身体反应、内在意识与潜意识的流动。其中会有痛苦、困惑、愉悦、挫败感与成功感，这都是一个人成长的痕迹，也是教练一个人、一个团队所必需的历练。如果没有了这部分，教练过程只是一次又一次的"aha moment"（顿悟时刻），客户会裹足不前。

　　所以，我觉得对于一个完整的教练来说，一个小时的教练只是一个开启点，绝不是终点，它应该包含：

1.理清及确定发展目标；

2.达成目标的内在智慧探索（即每次教练会谈要实现的目标）；

3.共同制订实现目标的行动计划（训练计划）；

4.客户据此行动计划，体验行动中成长的每一份体验，包括意识内在体验、情绪与感受体验、能力觉知体验等；

5.客户在行动中直接体验到"做到"的成功感与喜悦感时，成长便在发生；

6.客户持续地尝试、改进、往内看、反思与修正（后续教练），持续地实现目标，便有成长的喜悦，成长能力便被习得；

7.持续地习得，便是持续地成长。

教练在整个过程中，持续地陪伴与支持客户，而非每次教练完了，就完成了教练任务。

▼
▼
▼
▼

# 做"不过度用力"的教练

在教练的过程中，常常会出现"过度用力"的现象。我说的"过度用力"，是指教练没有很好地聆听客户内心深处期待我们探索的方向，而是企图引领方向，创造提问，或者以基于解决客户的问题为目的，引导到教练自己想要的目的，提问时带有明显的牵引倾向。当教练内心有此类倾向时，教练往往会感觉到自己在用力推进教练进程，但效果不见得好，我称这样的教练为"过度用力"的教练。

一位合格的教练，应该已经懂得什么是教练过程中的流动与节奏，懂得让教练过程跟随客户的内在状态起伏跌宕，并营造积极体验的空间。这需要教练有"无为而为"的状态。

究竟是什么导致教练"过度用力"，我总结出以下几方面的因素：

1.不相信客户内在是充满智慧的，因而过分着急，进而热心地帮客户。当教练内心聚焦于客户的问题本身，并感觉客户无能为力，需要教练"帮一把"的时候，教练会用自己的视角"帮助"客户，这种"帮助"也会让客户觉得自己是没有能力的。

2.教练将自己包装成中正的评判，教练内心有自己而非客户想要的结果。当客户的价值观、信念或者身份认知与教练自己不相一致时，特别是涉及教练自己熟知的话题领域时，这种状况最容易发生。

3.教练的聆听只停留在浅层，教练听不到客户内在的渴望，感受不到客户当下期待的探索方向，失去了与客户的联结。

4.过分依赖教练工具、模型，对工具不熟练，或者拘泥于工具本身，被工具所控制。

5.太想做一名"好教练"，急切期待看到"aha moment"，聚焦于自己是否提出了"好问题"，因而丢失了当下的临在状态。

6.语言的精准度与亲和度不足，与客户的语言对接不上。

若教练"过度用力"，此时教练已经失去了中正状态，这样会让客户失去自我探索的流动性，不能真正深入内在进行深层次的探索，此时需要教练回归当下，相信客户是具足的。

我鼓励教练们在流动的节奏中承托，做"不过度用力"的教练。我觉得可以从以下方向思考：

1.相信最好的问题来自客户的内在。

好的教练问题一般都是当下客户最想问自己的问题。

我们往往会感觉到自己潜意识当中有一些内在声音，好像灯塔一样引领我们去探索，客户也一样。如果教练没有在当下与客户有深度的联结，是不可能听到、感觉到的，但客户自己却感觉强烈，只是无法表达。有时客户出于尊重教练或者因迷茫而配合教练的提问，教练需要有敏感度，让客户最真实地表达自己的内在世界，其中一定有他想要的方向。

教练过程中，教练需要的是"无我"，从客户表述的情绪、能量和身体反应当中捕捉客户底层的生命渴望的蛛丝马迹，那是最好的提问源头。此时的提问好像是客户提供的，不需要教练自己创造，因此无须用力。

2.相信客户有足够的智慧。

客户的表述、情绪、身体反应，包括我们认为是负面的反应，都是最好的指向标，都是有价值的信息，其中有客户达成目标的内在智慧资源。如果教练对客户有足够的相信，这一切都是创造觉察的关键点。教练只需要一直充满好奇和拥有直觉力，像等待奇迹一样地好奇，就不需要教练自己创造问题费力去引领客户了。所以我做教练前，尽量不预设什么，而是像寻宝一样期待每一次教练的奇迹。

3. 放下所有的自以为是，充分地跟随客户。

跟随不是跟随故事或者语言，而是跟随客户的内在世界，相信他内心潜意识里很清楚自己要去哪里，顺势而为，"不代马跑"，去他心中想去的地方。哪怕"马"跑向我们认为的相反方向，也要相信客户，相信这是客户的需要，他自己是能跑回来的，因为他辨识好坏的智慧不比我们差，这是他走向成熟的必经之路，教练只需要创造觉察便可。

4. 教练在掌握了教练工具、模型之后要放下这些工具、模型。

当对工具不熟悉时，我们很容易关注模型步骤而忽略面前的客户。无论什么时候，教练都需要把关注点放在客户的此时此刻上，哪怕客户在描述过去的感受、情绪或身体反应，也要让他觉察到此时此刻他描述时的情绪与反应，运用他当下的体验走向目标。工具应该服务于教练当下，而不是教练当下服从于工具、流程。

5. 教练语言应该是与客户同频的生活语言。

在教练过程中，教练的语言和状态最好如"拉家常"般地亲切，也需要投契合拍，与客户的状态匹配，避免端起教练架子，陷入不断质问般的提问。教练只需自然、放松地做自己，做真实的自己，无须用力。

6. 放下做"好教练"的期待。

期待在客户面前表现自己是很多教练不自觉的心态，这往往会对形成和谐的教练关系造成巨大干扰。在整个教练关系中，教练需要发自内心地欣赏和爱自己的客户，有"我是什么不重要，此时你最重要"的内心境界。哪怕感觉自己教练做得不怎么样，也接受，因为我与客户同在已经是做了最好的自己。要知道，一次成功的教练，需要双方的天时、地利、人和，更何况成长责任在客户，不在教练。如何让客户拥有自我负责的品质，也是教练过程中重要的部分。教练做好自己的角色，内心有爱，教练关系有联结，让一切自然发生，已经足够了。

7. 让自己逐渐活出教练状态。

用自己做"小白鼠"，明白自己先努力修炼，活出意义来，教练的能量就到了，能量到了，就不必拘泥于哪个问题问得好，哪个问题问得差了，何须用力？这一切，客户在整个教练关系中都能感受到的。

作为教练，需要真正地走进专业，一点一点活出教练状态，与客户同在，与教练这门学问同在。但这需要教练对自己有足够的允许，允许自己不完美，这样就不急于"成为好教练"了。

"不过度用力"是教练的极佳状态，就像学会骑自行车之后的不用力状态，需要教练发自内心地完全相信客户，相信客户的天赋智慧，相信系统的力量。同时，教练要相信自己有足够的能力承托客户的内在世界，也要相信教练这门学问，这样我们就不需要用力去"帮助"客户，这种教练关系也是互相滋养的，这才是教练的价值所在。

▼
▼
▼
▼
▼

# 被教练的高峰体验

　　如果一位教练没有一次成功教练的体验，很难理解什么是真正的教练，更不可能做一名好教练，充其量是装模作样做教练。作为教练，如果能从客户的体验中去领会什么是最好的教练状态，也许会有不一样的感悟。昨天为学员做团体教练督导，客户车车道出了被教练者真实的感受。我认为这是每位教练都应该知道的教练的真谛，特记录下来以供思考：

　　作为客户，我会很执拗地沿着自己的路线走，我想带着教练，而不是被教练引领。我想把教练引到我想要他去的地方，我想让他跟着我，和我一起去看。我只是需要多一双眼睛、多一对耳朵、多一颗心和我一起去觉察，而不是他带着我，帮我去理清一些问题，帮我理清思路，我觉得我不需要那样的教练。我需要教练跟我在一起，听懂我，然后随着我的语言去表达。这过程中我在整理我的内心，我会有觉察的，我会有答案。作为客户，我需要有这样的教练。这就像叶老师说的，很多问题其实不需要用力，就这样交还给我，有时候言之无物就是很好的问题。有些问题言之无物，我听到了好像没听到一样，然后我自己就可以说下去了。

　　现在回忆刚刚教练问的问题，我其实已经想不起来教练问了什么问题。因为我刚刚感受到被教练的心流状态，当我在那种心流状态的时候，其实我已经感觉不到教练的存在了。我就是在我自己的系统里工作，那种感觉是非常非常棒的。而这个时候，如果有个冷冰冰的话题要进行的话，我的美梦会被打断，我会觉得被冒犯了。这种问题进来，我会比较排斥，会马上告诉他那个不是我想要的。跟随客户，与客户共舞，这种节奏感，以及与客户同频的节奏感是非常非常重要的。

教练最重要的是相信客户，我不知道我为什么不知道，我什么都不知道，但是我也不需要教练知道。我也不需要教练告诉我，我在想什么。我有很深刻的感受，我就是在表达，也就是我仅仅在表达，就是一种情绪的流露，一种情感的表达。在这过程中，教练通过一些问题，就可以帮助我拓宽视野，打开思路，这个是需要的。而且我也需要一些更有挑战的问题，教练可以直接沟通，可以问更犀利的问题，可以更加"戳"到我，问更加用力一点的问题。这个我是需要的。

此刻我感觉真的是很美妙的心流体验，浑身通透。被教练的时候我有一刻是颤抖的，然后流泪，然后上厕所……所有这些都是身体通畅的体验，太美妙了。而此刻，我很开心、愉悦，有点小兴奋，也有平静与安定。我想，这就是教练的魅力，这真的是一门很深的学问，这是科学的、不容置疑的。

# 不要纠缠于 "事情" 与 "问题"

人们的每一种表面行为中，都有着深刻的心理根源。教练过程中，如果只改变行为，没有从根本上改变内在信念、价值观、身份，客户的一切努力几乎都是徒劳。但大部分客户都喜欢 "解决问题"，"头痛医头，脚痛医脚"。于是只是拿到了方法，个人并没有成长。

这在 NLP 逻辑层次、萨提亚冰山模型中有具体的反应，教练可以通过逐层探索，触摸到引发议题根源的核心层次，客户会收获更大更深的觉察。在这里我举些例子作为佐证。

例 1：源头在信念、价值观的议题

昨天客户来访时的主题是如何做到坚持，提高工作效率，改变拖延的毛病。

客户："原来我心里一直觉得自己不够好，所以允许自己拖延，也允许自己逃避挑战，这样我就可以不用面对不够好的自己了，其实我一直回避看到这样的真相。"

教练："此刻你似乎发现了内心真实的自己。"

客户："对！之前感觉自己不够好，但不知道这种感觉影响这么深。"

教练："有了这份发现，你心里最强烈的渴望是什么？"

客户："我需要力量！"

教练："那是什么？"

客户（沉思）："正因为不够好，才有去做、去挑战的理由！"

例 2：源头在身份、角色的议题

昨天的第二个客户，议题是如何做好精力管理，找到明年工作的核心重点。

客户："我感觉自己总忍不住管太多，太紧张、焦虑，好累，但没重点，我需要分清重点。"

教练："你不喜欢自己这样，偏偏又要这样，是什么吸引你这样做的？"

客户："我是部门总经理，更是老板娘，每样事情都关系到我的切身利益，当然紧张。"

教练："当你这样说时，你在用什么角色？"

客户："更多的是老板娘，哦……"

教练："你想到了什么？"

客户："一个老板娘任总经理，应该比一般经理更有格局，有更高的内在气度与品质……"

教练："此时你感受到了怎样的自己？"

客户："好像发现了更广阔的天地。"

教练："以这种觉察，回看原来的你，你明年关注的重点应该在哪儿？"

客户："核心团队及企业的凝聚力！而不是这些琐碎的事，其实这些事他们能做，是我一直不放心。"

做事，其实在做人。人心主宰着我们的行为与感受。所以，教练更重要的是教练"人"，而不是"事"。

## 教练是教练"人"，
## 而非教练"事"

有些人总强调"就事论事"，那是因为他根本不懂得"事"后面的人。一牵扯到人，事就变得复杂，无法面对，沟通交流中也就无法深入下去。

教练过程中，能让人产生觉察的一定是关于人的内在的方面，而不是关于人所叙述的事，所以教练是教练"人"，而非教练"事"。教练不仅仅聚焦于解决问题。在深度聆听中我们需要透过对方叙述的问题、故事感受到对方内心想表达的真正的自己，并以此为依据进行互动交流，唯有如此，才有可能创造新的觉察。

# 教练的自我觉察

我一直寻找 C.O.A.C.H 教练状态中的 A（Awareness，觉察）究竟包含了多少意思，今天似乎有所领悟，其中的觉察，指的是教练本身的觉察状态，而不是"创造觉察"中的"觉察"。我从自己的实践中隐隐约约觉得，这里的"觉察"可以有以下几层意思。

1.教练过程中对自我、他人、我与他人之间的场域三个方面的觉察。在觉察中把他人场域纳入"我"的一部分当中，因为只知"我"，是单一的。因此，有了很好的觉察后便能很好地把三者融合在一起，协调平衡，让整个场域流动起来。

2.一层次聆听只有"我"，二层次聆听只有"他人"，三层次聆听应该有"我、他人、场域"，因此，三层次聆听是对整个系统的觉察。

3.在教练中随时觉知自己在关系中的定位，看是否在中正、身心合一、平衡的沟通状态中，身心随机调整，让教练互动在流动中达到整体的平衡。

4.教练过程中让身体觉知、情绪起伏和意识理智三者融合互动，让觉察在潜意识、身体、意识三个层次上统一、流动。

我想，如果做到这样，一位教练便可以与自我、他人、场域有很深的联结，聆听生命的敏锐度将达到一种很高的境界，对教练关系的共振也会非常灵敏。即使不是教练，一般人，若能做到这样，他在人际关系中也将得到很好的互动。

我觉得这也是教练核心能力中"在当下"的重要因素。

# 创造觉察的最佳时机

有经验的教练往往可以很敏锐地捕捉到最佳教练时机，也就是教练创造觉察的最佳时机。这种教练时机是与客户当下的体验紧密相连的：错过了，就如流星一闪而过，不复存在；把握住了，就如阳光照进黑暗，拨开云雾，快速地走进议题的核心。这种教练时机常常会在客户的一些信息中不经意地呈现。

一是客户泛起情绪时。客户在描述事件、观点和表达感受时出现情绪，情绪里隐含着丰富信息。这是内心对话、自我认知和深层生命力的呼喊。比如一个人在愤怒当中就隐含了内心冲破某种禁锢的力量，在兴奋当中隐含了内在自我认同的资源等。教练把握住客户当下的内在，鼓励客户往内探索，客户就会呈现很多的未知资源。

二是客户走进自我认知盲区时。当客户说"没办法""不可能"或者"这是事实"的时候，我称之为走进自己的盲区，这也是教练时机。此时客户跳出内心困境的期待强烈，渴望从更高、更多的纬度去看问题，教练便拥有了客户跳开具体问题、放下对"解决问题"的执着的时机。有时我会问："此时的你看到一个怎样的自己？""你的内心在想什么？"这时候教练往往可以帮助客户跳出问题本身看清更深层的自己。

三是客户有内在自言自语的时候。比如"我怎么就这样想了呢？"等。此时客户的内在正进行自我探索，教练可以借势进入，只需要重复"是啊，你怎么就这样想了呢？"便可承托客户往他自己的方向走得更深。客户的自我内在对话的方向往往是教练的最佳方向。

四是客户呈现出能量的变化时。客户每一次能量的变化都是他内在自我世界变化的呈现。那是一种连他自己都未必意识到的变化。此时客户的内心隐含着丰富的信息，需要教练把它们从潜意识中浮现出来。有时教练只需要跟随他的能量问"发生了什么"便有重大的发现。

五是客户有与信念、价值观、身份和系统层面相关的表述时。这时客户的意识层面已经有了对自我的判断，教练可以直接从这些认知入手，运用视觉、听觉和感觉的体验，探索、捕捉那些赋能于他的意识系

统，或者从局限性意识中发现改变的方向。这需要教练敏锐地聆听到客户表述中的信念、价值观、身份和系统的内在意识。

关于教练时机还有很多很多，我称捕捉教练时机为"捡线头"，需要教练在个案当中保持最佳聆听状态。当不懂得捕捉教练时机时，教练过程一般都会在问题和事情层面绕圈，走不进改变的核心。如果在捕捉教练机会上保持敏锐的觉察力，教练的有效性会大大增强。当然，捕捉教练机会需要不断地实践，实践多了，就会有一种直觉力。

# 觉察的三个层次

很多客户都缺乏自我觉知，因而很多的自我发展局限也无法打破。常有管理者告诉我"我是很开明、放权的"，但团队的反馈则相反。因此，在教练中引发客户的自我觉察，非常有效。

客户的觉察有以下三个层次：

第一层次是思维认知纬度的觉察，也就是对事物不同纬度的认知的扩张。这是意识层面的觉察，可以说是发生在智慧脑中，如改变信念。

第二层次是情绪感受层次的觉察。这一层次的觉察不需要通过认知，但情绪与感受大多源自对事物的认知，此时人们通过情绪与感受直接传递出信息，觉察到自己的深层内在。我觉得这一层次的觉察调用了情绪脑。比如，在看似平常的事件中客户莫名地感到压抑，这份压抑里就有未被认知的丰富内涵。

第三层次是身体感受层次的觉察。人们在接收外界信息的过程中，身体的反应最直接、最真实，也最快速，但身体的感受往往被意识所蒙蔽。只有客户回到自己身体的中心，安定下来，才有可能感知到身体的感受。就比如背痛难忍，也许是身体在对抗内在的焦虑，但客户只会感到疼痛，不知身体为何做出如此反应，直到不可忍受。

身体感受层次的觉察包括视觉、听觉和感觉的觉察。这一层次的觉察更不需要通过意识，而是直接从潜意识发出，就如火烧到手，立刻

缩手。因此最难被觉察。

我觉得身体的觉察应该发生在原始脑。

作为教练，我们可以根据这三个层次的特点从不同纬度让客户达至自我觉察。

一是从语言纬度创造觉察。通过改变信念、NLP 逻辑层次探索、确定语言模式、身份与系统探索等方式，达到思维层次的觉察。

二是通过视角的改变创造觉察。比如通过理性思维、感性思维之间的切换，或者在时间、空间、角色之间以不同的视角看待问题，突破固有思维局限，以达到创造觉察的效果。

三是鼓励客户发挥直觉力。客户只有放下评判，信任自己的内在，才会产生直觉，而直觉可以是最好的信息向导，让我们发现未知的自己。

四是运用肢体语言、隐喻、视觉图画等方式，扩大自我内在感知，觉察会凸现。有客户不敢回忆过去的经历，或不敢做出某些场景的动作，因为那种感觉会通过这些方式被放大。因此，视觉、听觉、感觉的调用可以在教练过程中增强客户的自我觉察。

要说明的是，上述所有的感觉、情绪都应该是客户当下的，而非想象的，唯有这样才会有效。

▼
▼
▼
▼

# 客户的觉醒时刻

最近几天的教练中，我似乎都触碰到了客户深层次的内在世界，有时甚至感觉客户正经历破茧成蝶的过程，很奇妙。于是思考，究竟教练过程中的什么能激发客户的内在力量？

客户的教练议题总会与他的内在生命力息息相关。不管是高管教练的管理议题，还是个人教练的成长议题，都是一样的。管理议题其实更多的是管理者内在矛盾的反映，是管理者内在模式在团队或企业的呈现。个人成长教练基本都是激发自我生命力成长的渴望，客户所有的纠结与期待都反映了他底层生命力的呼唤。因此，在教练过程中让客户看到这种渴望，改变就开始发生。

但这还不能说客户开始觉醒。当客户经历过惊涛骇浪的人生磨炼，或者被长期压抑的自我所叩问，身心经历着痛苦与纠结，有着强烈的突破欲望时，客户的觉醒才有可能发生。

今天结束了一个客户的第十次教练，我笑问："与第一次见我的你相比，现在的你有什么不一样？"客户答："现在的我终于找到了也活出了自己的底气了！"我知道他所经历的是非常人所能忍受的挑战，从恐惧、焦虑，到挣扎、抗争、直面困境，到今天的笃定、自信和充满希望，在此过程中，他经历了人生的各种起起伏伏，但他始终不屈不挠，顽强地完成了从受害者到创造者的转变，可以说走过了一程觉醒之旅。经历，成就了内在的完整。

每一次教练，我只是以善良之心与他联结，深度聆听他的内在世界，并让他看到真实的自己。我常认为，教练非心理疗愈，却因聆听，而有了治愈内心的功能。客户的那份转变，更多的是生活让他终于觉醒，他的内在冲破了固有的思维，豁然开朗。客户的内在是自带冲向未来的力量与智慧的，教练只需给予他力量与信心的陪伴即可。教练其实只是起了承托他、让他自然呈现真我的作用。所以，客户的觉醒是需要时机的，不是教练而是他自己的内在推动教练目标成果的达成。

为此，我认为的客户觉醒会在以下条件下产生：

一是在客户够痛、改变的欲望强烈时。如果客户始终犹疑不决，不做改变的尝试，往往是因为还不够痛。

二是在客户达成目标的欲望非常强烈时。如果目标的吸引足够强烈，客户会不惜代价、全力以赴，那么主动觉察的状态也已经准备好了。

三是在经历中反思时。面对自己的各种人生挑战，客户该经历的一样都不会落下，都得经历，只是在经历中，教练陪伴他不断反思，从无意识到有意识转身、向前迈，觉醒在此过程发生。

四是当客户经历了风雨后，感受到了"当下""自我负责"及自信所带来的力量后，觉察开始发生。

我觉得，教练最大的作用是在赢得客户信任之后，创造客户自我完成成长的过程。所有真正的觉察都是客户自己完成的。

# 客户经历自己的认知是产生觉察的关键

上海，昨天六个小时的一对一教练，似乎是与客户同在，探索着他们人生的精彩。如果把一次教练看作是客户在教练面前展开了一张丰富多彩的画卷，那么教练过程就是与他们走进画卷享受鸟语花香的旅程，时而平静如水，时而心潮澎湃，惊喜总在奇迹与历险中发生。当教练把当下这一画面展开，放到人生长轴当中欣赏时，客户会看到完全不一样的自我世界，人生格局与高度也因此打开。

教练过程中，情绪、感受与体验是改变的源泉，道理已被所有人熟知，只是在生活当中又常常被自己蒙蔽，常常以为知道，实际上只是道理上知道，因此客户的觉察无法联通认知。教练在陪伴客户探索内在世界时，让他们经历自己的认知是产生觉察的关键，也是他们真正走进自己人生画卷的关键，勇气与改变的信念也因此被开启。

# "NO" 后面总有 "YES"

教练过程中，我常常遇到这样一些客户：他们带着人生痛点而来，期待摆脱困境和痛苦，到最后会因为觉察到了痛点或困惑背后隐含的生机而得到力量。我逐渐领悟到了一个道理：每一个"NO"后面都有一个"YES"，反之亦然。这个话题让我想起了教练中两个方向的思考。

一是中国古语所说的"否极泰来""祸兮福所倚，福兮祸所伏"。这需要用整个系统和完整的时间线才能体现。很多客户也明白其中道理，只是身在痛苦中不愿自拔，把自己的情绪和能量全聚焦在痛苦中。从这个角度来看，教练需要帮助客户抽离情绪，以便客户走进更大的系统中去感受当下的自我，在困局中寻找上天的用意，也许是改变，也许是放弃、打破，也许是创造、重生……其中有主动改变，也有被迫面对，但都是上天最好的安排，都是自我生命力的发展以及所在系统的平衡呈现。

放下即时的得失，放眼整体，把所有痛苦和困惑放到自己人生历程的长河中看，我们会发现上天让我们经历的都是有意义的。我曾听说，困境、痛苦是上天让我们知道往哪里走的信息，如果现在的痛苦还不能让我们醒悟，上天会通过更大的痛苦让我们醒悟。所以常常有教练诉苦说他的客户不愿自我负责、不愿改变时，我会回应说"那是客户还不够痛"。我甚至觉得，客户的有些痛苦，是上天给他安排的必修课。因此教练不必因为客户在一两次教练之后还是在困境中不能自拔而自责。

二是思考与教练中的觉察相关。当每个人说自己的痛点时，内心都有自己的期待与渴望。比如"我不希望与他人产生冲突"的底层渴望是"我期待和谐与联结"。又比如客户描述一种困境时，潜意识里一定有自己超越困境的愿景。这些"NO"后面的"YES"都是教练过程中点燃客户内心生命动力的星星之火，需要教练相信并敏锐地觉知到，并在恰当时机让客户觉察到。

有时这种带着改变动力的"YES"会隐藏在"感受的感受"当中，很隐秘，但却是客户潜意识底层的动力根源。萨提亚冰山模型里所谓"感受的感受"是指人们对于自己某些情绪、感受的感受。比如一个人常常易怒，但内心又为自己这种情绪而内疚，这份内疚就是感受的感受，常常与如何看待自己有关，是很真实的内在声音。"感受的感受"往往呈现了一个人内在的积极动机，我称之为"良知"。这份"良知"就是人性之光，它会引领人们走向积极的方向。

教练需要透过各种各样的困难、痛点看到其中的"YES"。在教练过程中，客户的任何信息都是资源。与客户一起探索被包装成困惑的上天的礼物，也许正是教练的任务。我常常对自己说，一切的改变与困境都会带来"说不定更好"的结果。到目前为止，都一一应验了。

▼
▼
▼
▼

# 负面情绪也是资源

在沟通过程中，当我们听到客户表达憎恨、厌恶、妒忌、绝望等负面情绪，或者表达不可能、没办法、全都是等局限性信念时，作为教练的我们很容易进入评判性聆听，此时我们企图纠正对方的情绪、信念，于是我们的提问会有明显的引导痕迹。这时，客户会很快从内在的深层感受走向头脑层面的理性分析，用"我应该"来"骗"自己的内心，压制内心底层的真实需求。此时，教练时机便会丧失。

当客户表达这些我们以为的"负面"信息时，正是客户表达他内心真实声音的时候。这些信息是教练过程中的绝佳资源。教练先别急着去让客户看到自己的"盲点"，应该去感受他的感受，与他同在，甚至应用客户的情绪、信念，让他看看此刻他是如何看待当下的自己。这时，客户会看到一个真实的自己，看到这些"负面"情绪、信念里面的资源。

我们的情绪当中有着丰富的内在力量，如"憎恨"当中有"愤怒"，"愤怒"中有"力量与联结"。我们的信念当中也有清晰的方向，如"没办法"里面就有"期待突破"等。

与客户同频后，我常会问"这种（情绪、信念）里，你在期待什么？"或"带着这份感觉，你内心最强烈的渴望是什么？"等问题。这时，客户常常会告诉我，他在这份情绪、信念中想要成为什么样的自己，这时教练便可以问"这时候的你会是怎样的自己"来让客户回到自

我探索与自我负责状态中。客户在潜意识当中都有走向阳光的本能，不需要教练越俎代庖，教练需要做的是看到客户潜意识中的生命力渴望，并反馈给客户。

最近我教练客户的话题都是如何在新的一年开创全新的自己，但都有走进他们以为的内心"负面"的黑洞中。当教练接纳并陪伴客户，保护他们去感受、探索他们自己的"黑洞"，放下评判与引导时，他们都很自然地把这些"黑洞"变成了前行的资源。

正如"发生的都有道理"一样，客户的任何内在、外在的表现都是资源，教练需要透过表象看到其中内在的正向动力，帮助客户走进内在。

▲
▲
▲

▲

# 客户的深层逃避

在教练过程中，有的客户看到自己认为不够好的自己就逃避，努力地呈现期待其他人看到的自己。这份怕自己看到、更怕他人看到自己"不够好"的恐惧，让客户将自己藏起来。可是他的内心总有一个黑洞，将自我指责与不接受深藏其中，从而产生强烈的自我抗争，甚至"装"到自己"骗"自己的程度，内心充满无力感。这份自己认为的"不够好"，如果被自以为是的教练或他人看到并被直接指出来，可能会导致对抗的发生。

在教练过程中，只有让客户自己觉察到，并准备好面对的勇气，由教练在安全的环境下给予承托，客户才有可能找回真实的自我。教练出于过分的热情指出客户深藏的"弱点"，除了证明自己比客户更聪明之外并没有任何意义，因为客户会认为这是对他的否定。如果教练认为这是直戳其心，需要客户醒悟，那是因为教练觉得自己更了解客户。其实在我的实践中，我发现这种"戳"是无效的，客户会因此更加否定自己，然后用强硬的行动计划把自我的那层保护膜变成铠甲。

在我的众多个案中，我能真切地感受到每个人脆弱的背后，都有着顽强的生命力，这是一个人自我追求完整性的呼唤。客户以为需要掩盖的"不够好"的自己，在外人看来是不值一提的，只是客户自己以为如是而已。当客户不敢面对时，客户需要自己觉察到这份"不够好"里面的生命力呼唤，通过体验感受来印证"我足够好"。此时，教练的作用是让客户体验内在脆弱的自我，接纳完整的自我，并为此注入勇气，在此前提下客户才会发生真实的改变，客户也就感受到身心合一的力量了。

当然，教练也可以通过直接沟通的反馈模式，像镜子一样让客户看到自己的阴影，从而让客户产生自我觉察。教练还可以让客户看到阴影背后内在的阳光，也就是他的渴望和正向意图。这样会给客户带来勇气和力量。

## 恐惧里有深层的力量

当我们想突破却害怕时，我们需要直面内在的深层恐惧。

当客户放下最初的防御，内心的脆弱里往往会呈现一份恐惧，他们羞于面对自己的这份恐惧，常常会以"坚强"去掩埋恐惧。

恐惧是我们以为生存或自尊受到威胁时的自动保护系统，也是我们需要修的人生功课。当我们害怕恐惧，我们便看不到内心的恐惧给我们带来的力量与信息。如果我们在恐惧的同时直面恐惧，在恐惧当下以巨大的勇气前行，那我们便能穿越恐惧获得内心的力量，从而得到心的自由。如果不面对，这份恐惧会反映在我们人生的各个纬度，直到我们老去。我常告诉自己：如果一件事情值得去做，无论多么恐惧，也要一边恐惧，一边前行。

面对内心的恐惧，如同面对其他情绪，我们可以走过四个阶段：面对——接纳——转身——前行。

在行为上且害怕且前行，尝试挑战有风险的事，做困难的事，当穿越了一次又一次的恐惧，我们的内心将无比坚强与自由。这才是真正的"坚强"。

## 走进脆弱与柔软的深层潜意识，改变才会开始

在教练过程中，我常发现人的深层潜意识会义无反顾地维护自己的尊严。当一个人的潜意识感受到自己在某些价值感和安全感上达不到自己意识层面的期待时，他便会以最容易的方式保护自己，那就是逃避或者骗自己，让自己看不到真实、自卑的自己，或用强烈的外在方式证明自己，如指责他人或世界。在教练的陪伴下，客户愿意走进这层脆弱与柔软的深层潜意识时，改变才会开始，教练效果才会呈现。所以，作为教练，不要急着帮客户解决问题，否则便被他的潜意识所牵引和欺骗。

▼
▼
▼
▼

# 两个自我的冲突

人的内心常常有两个自我（自我一和自我二），这两个自我常常发生冲突，限制着我们全然地活出内心的自己。比如，当面对公众演讲时，我们会不自觉地紧张到说不出话，那时内心有两个声音：一个声音是"无论我怎么努力，我都不可能讲好的。我表现不好被别人笑话怎么办？"身体不自觉地绷紧，感到气息被堵塞。另外一个声音是："我正在运用我的智慧感染大家！我要做好，怎样才能做到最好？"这个声音里包含了人们天生的表达能力、内在的自我感知与调节的能力。前者是我们内在的自我一，是负责我们安全感的，但它会让我们退缩、懒惰、否定自己，成为内在干扰。后者是自我二，是自我潜能所在，在没有干扰的情况下推动自我发展与调动成长的内在资源，让我们有无限的勇气和自信。

遇上让我们跨越舒适区进入恐惧区的事情时，自我一总是第一时间跳出来，因为那是保护我们的本能。我们往往放大自我保护的作用，因此常常会退缩、恐惧和自我否定，或者用拖延来保护自己。当我们跨越了这份恐惧，完全地信任我们生命的潜在智慧，我们会发现我们充满自信和愉悦，此时自我一的干扰降到最低。这也许是一些修行之人到了超越生死的境界时，可以感受到内心无比愉悦的原因吧。因为内心最底层已没有对生死的恐惧。

在教练过程中，让客户清晰感受到自我一存在的价值与意义，客户才有可能运用自我一的价值，放下那份干扰，自我二才有可能被释放。比如在面对巨大挑战时，客户心中莫名地焦虑与恐惧，当他能意识到这份焦虑正在帮助他聚焦关键、调用力量与勇气时，他便可以放松地专注在期待完成的目标当中，此时的自我一被很好地利用，而自我二在客户的高度专注中被无限激发。当客户持续地体验到自我二被信任的力量时，他便有无限的可能。

教练的原理里有 P=P−I（绩效 = 潜能 − 干扰）的理论，其中引发干扰的往往是自我否定、局限性信念、功利心、思维视角的局限或者情绪过度。这些因素大都会让自我一扩大，形成干扰。激发的潜能途径之一是使自我二正向发展，让潜能最大化。当一个人在价值的推动下，完全相信自己、安在当下、放松地专注、全身心聚焦于当下的目标时，他自己内在的潜能便被释放。

教练之所以是一门激发潜能的学问，是因为教练的整个过程就是一个增强潜能、降低干扰以达成理想目标的过程。

▲
▲
▲

▲

# 教练的直觉力

直觉力就像人类遗传的记忆 DNA，是上天赋予每个人的巨大宝藏。当人处于当下放松和平静的时候，直觉力是敏锐的。此时超越思维的信息庞大而准确，应当用隐喻和身体语言表达，教练关系的共鸣便有意外的呈现。

今天教练时，我刻意观察自己运用直觉力的感受，感觉如清澈水面上的一片落叶，轻盈而流动，浮沉间体验到与客户已建立深深的联结。客户感叹，这种感觉很是美妙，有心灵被抚摸着的畅快，也有直指要穴的快意。

直觉力是上天对每个人的馈赠，不需要思考，不需要觉察，只需要一份完全相信的感受力，在呼吸间、在眉宇间、在气息能量间、在一笑一颦间、在一静一动间，便可直接传递着最丰富的生命信息。这是完全当下的、最真实的底层信息，起伏跌宕，犹如潮起潮落，时而波涛汹涌，时而明净如镜，当触摸到了，便感觉进入了"无我"的深层次聆听。只需要让它流动，顺势而为，不觉间教练过程已经完成。

直觉力不是意识，是通过潜意识接收的信息，因此只有放下思考，放松而专注，用身体感官感应，与客户同在当下，才能感受得到。

直觉力源于"相信"，一是相信自己的感受力，特别是第一感受，只有相信自己的感受力，教练才不会进入分析和评判。二是相信客户，相信客户此时此刻的内在世界是丰富的，因为相信才能看到。

放下预设，直觉力才会准确，否则很容易把自我评判当作直觉力。

在建立深度的亲和关系与信任关系后，直觉力会更易呈现，因为此时客户的直觉信息干扰降到最低，客户往往会毫不掩饰地呈现最底层的潜意识，教练的直觉力也因此最容易被调动。

直觉力是有纠错功能的，我们不是圣人，有时候直觉力会掺杂着意识的评判，只要我们不固执于自我的内在，而是保持当下的同在，我们会立刻感受到直觉力的偏差，客户也会用他的方式告诉我们偏差，此时放下重来便可。

直觉力是没有道理的，不要企图寻找根源、逻辑或者表面特征，如"我看到你皱了一下眉头……"等的表达就已经是用思维代替了直觉。教练在"无我"中打开自己的心门去接收，随着打开度的扩大，直觉力也就越发容易被感受到了。说得玄乎一点，直觉力甚至不是与当下相关的，如我们常看到的"母子连心"现象、"强烈的预感""好像梦里见过"等，我觉得这些都是直觉力在起作用。

我总觉得直觉力是上天赋予人类的瑰宝，有时婴儿的直觉力神准，因为他们不是用耳朵、眼睛来感受世界的，而是用身体、能量来感受世界的。虽然我还没能做到，但我想象如果教练能如婴儿般感受他的客户，兴许能因为直觉力而打开深层聆听之门。

此外，直觉力的产生还需要绕开客户的故事、观点、感受及语言以外的内在信息。

释放直觉中的自然天性，打开智慧之门，让之流动，教练效果自然天成。

# 教练的直觉反馈

教练运用自己的直觉力帮助客户觉察，常常是教练关系中的点睛之笔。

教练过程中，当教练完全在当下，放松地专注于与客户的联结当中、与客户同在时，往往也是教练潜能最大化的时候。此时教练的觉察力与直觉力明显高于常态。这时教练对客户的情绪与能量状态、心智模式的细微变化都会有更加同步的觉察，因为此时的当下感是发自内心的，很大程度上是不需要通过头脑分析的，而且觉察到的是客户此时此刻的内在反应，而非想象中的故事，非常真实。而教练此时的直觉是他潜意识中的觉察，是更加直接的信息反馈。但客户真正的自我觉知往往停留在潜意识当中，客户可能还在不断叙述故事与观点，需要教练运用"镜子"般的反馈创造客户的觉察。因此，当教练在深度聆听状态下，有明显的觉察与直觉时，教练的直接沟通会有意想不到的效果，很多"aha moment"都是此时出现的。

比如，当教练自己产生觉察与直觉力时，教练会问：

"我感觉到某种模式在你的人生中不断重复，在你眼前挥之不去，那是什么？"

"似乎你在不断地说服自己，是吗？"

"可是我觉得你心里是有看法的，那是什么？"

"你在不断鼓励自己的时候我感觉不到那份应有的激情，发生了什么？"

......

这些提问都是教练基于当下自己的觉察与直觉而设的，可以帮助客户更好地觉察自己。

觉察与直觉很容易滑向评判，特别是教练不在当下、努力想帮客户解决问题、聆听状态低、更多地分析客户时。如果教练完全地专注于客户当下，用中正的心态与客户联结，哪怕只是读懂客户的内在好奇，也会更接近客户真实的内心本身。因此我觉得教练状态下的觉察与直觉是基于深度聆听的"同频评判"，是教练运用自己"生而为人"的资源为客户提供自我觉知的依据，是很有效的。

我一般通过专注力训练来提高教练的觉察力与直觉力，有点像"正念"修炼。

专注力分为对内的专注与对外的专注。对内，完全聚焦于自我内心的感知，与外界无关。只有有了这份发自内在的自我安定，人们才有可能不受外界干扰，清晰地感知外在世界。一个情绪纷乱、注意力散乱的人是难以对自我与他人有觉察的，即使有，大多也是分析而来的想象信息，或评判。对外，是关注于客户的整个生命状态。此时如果专注客户的同时安在当下，教练会有"忘我"的感觉，客户的能量信息和内在信念信息就会变得明显。

内外安在当下的融合，允许自己游走在两者之间，由心而生的觉察力与直觉力便会"顺应天意"般地被感知到，这不是用力得来的。

## 用心灵去听他人

语言是可以骗人、骗自己的，但能量气息是没法骗人的。我们可以尝试不用大脑去分析与思考，仅凭直觉与感受，感受身边的人给我们带来的气息与能量的不同：冷的、暖的、稳定的、浮躁动荡的、高能量的、虚弱的、聚焦有力量的、离散游离的、慈悲的、恐惧的……我们通过肢体与能量的匹配与之同频，感受内在的感受，或者以其需要的能量给予承托。这是非语言的、需要直觉的能力。用教练的整个人去感受另外一个人，用心灵去听，而非用耳朵去听。人的气息里自有大量的信息，若在此层次被读懂，是一大乐事。

# 直接沟通的最佳时机

很多教练以为直接沟通有奇效，于是不分情况大用此招，但我认为直接沟通是需要与当下的环境、人配合的，正所谓教练的"天时、地利、人和"。

这些天我给学员分析案例时，说起这样一个教练个案，客户非常明显地有一种逃避模式，每次说到他不想触碰的地方，他都会很快地逃，要么用笑来掩盖，要么顾左右而言他。一位教练问我，为什么不用直接沟通，告诉他我看到的，让他有所觉察？

我的回答是：他还没有准备好面对，更没完全信任我，所以他当时的状态是自我保护，这也是他还愿意留在教练关系中的理由。如果我用直接沟通强行介入，也许他会猛然醒悟，但会因为缺乏对教练信任的基础，他的内在会有应激反应，这种醒悟未必奏效，甚至客户会感到在人前"被扒光了"进而产生抵触心理。所以，在教练关系中，联结还没成熟前，这种觉察应该是客户自己触碰到的，而不是教练通过直接沟通给予的。当我明显感受到客户的消极模式时，我会回到当下，让他发现内在的自己。

比如：

"每次当我们讲到……时，你都看到一个怎样的自己？"

"笑，代表了什么？"

如果是直接沟通，我会问：

"我发现每次谈到……时，你都不正面回答我的问题，你的内在发生了什么？"

"每次谈到沉重的话题时，你都笑着跟我说，表现得轻描淡写，而我又觉得你的笑很不真实，发生了什么？"

虽然我们会发现直接沟通直戳人心，但只有教练关系处于深度联结与信任当中才有效，否则会引发更大的警觉与抵触。就如好的中药材用错时机与体质，就变成毒药了。

如果客户已经明显看到了自己的模式，但仍然逃避，我会更加看重这份"逃避"对于他的意义与价值，这比探索那个需要他觉察的"模式"更加有价值。这些价值包括"我是有资格的、我是值得被爱的、我是有价值的……"，他通过"逃避"来呈现。

所以，直接沟通也需要从整体教练结果出发，看天时、地利、人和，凭直觉判断是否为最佳时机。用对了，画龙点睛；用错了，狗尾续貂。若与客户没有建立起信任关系，或者客户没有准备好去面对时，不必急于直接沟通。

当然，有时候为了让客户觉得我有资格教练他，我也会例外，那是有些刻意的。

▼
▼
▼
▼

# 教练的逻辑：GROW 教练模型 ①

我一直认为 GROW 模型是众多教练模型的母体。一个看起来很简单的教练模型，只是"目标、现状、资源与选择、行动"的教练步骤，但我看到很多教练只用其形，而忘其意。其实每一步，都有其深意，甚至是可以根据议题而百般变化的。我对于每一步有如下思考。

1. 目标 G：这次教练"你想要什么？"这是客户期待被教练后达到的结果，应该是从环境层次走向客户自我负责层次的结果目标，而且这一目标对于客户应该是有重要意义的。如果只进行一次教练，那么这个目标还包含了本次教练中客户期待得到的结果。

2. 现状 R："问题的核心 / 根本是什么？"看起来"R"只是现状，似乎只是现状与目标的差距，但我觉得还应该是在此差距中呈现的达成或影响目标达成的关键因素的探索。这些因素可以从以下两个角度分析。

（1）内在潜意识因素：可能是生命力渴望的各种需求的牵引，包括安全感、爱与被爱、价值感、联结和独立自主的需求。如果是阻碍因素，还有可能是内在未完成事件、抗拒接触、能量的堵塞、自我资格感和价值感的缺失、身份与系统认知的模糊等。

---

① GROW 教练模型是通过对辅导者进行有效的提问来进行。教练对辅导者进行 GROW（即目标 goal、现状 reality、选择 option、行动计划 way forword）这四个维度的提问，来帮助人们建立觉察感、目标和自信。

（2）意识因素：包括思维维度与角度的扩展与觉察需求、价值观的回归或重建、信念局限的打破等。

在 R 阶段找到问题的核心，教练的方向将会非常明显，客户的觉察也会更加清晰可辨，客户会更加精准地找到潜在的探索方向。

3.资源与选择 O："更多的可能性是什么？"包含"挑战"与"承托"两个步骤。由此入手，教练帮助客户从更高更广的角度寻找力量与可能性。

第一步是挑战：

（1）挑战固有模式，以利于打破常规思维，比如用客户 MBTI（迈尔斯布里格斯类型指标）人格特质中的相反角度提问，微观思维者用宏观思维挑战，感性特质者用理性问题提问等。

（2）运用打破局限性信念的视角帮助客户跳出局限思维空间，改变聚焦点。或者从不同角色、不同时间点和不同的 NLP 逻辑层次组合提问。如当客户陷于困境，问"如果……（困境）是资源，资源会是什么？"

（3）关注此时此刻客户的状态，提出创造觉察的问题。

（4）运用体验创造觉察，用视觉、听觉和感觉的因素引发身体和思维的体验。

第二步是承托：

（1）鼓励专注目标。

（2）呼应客户底层渴望，探索更多达成目标的内在资源，包括价值观、积极信念、期待的角色、系统使命等赋能的因素。

（3）从教练本身的能量层次给客户信心，给予鼓励与承托。

整个 O 教练阶段都是在为达成目标增强潜能，减少干扰，扩充视角。

4.行动计划与成果计划 W：

做好了上述三步，行动计划的制订是理所当然的收获。制订计划容易，但还要从多维度审视计划与计划落地所期待的成果目标。比如可从 NLP 逻辑层次加强行动计划的完整性与可行性。如"计划目标实现，需要怎样的信念支撑？""计划实施中的你是什么角色？""对世界 / 他人有何影响？""为了保证计划的成功，你还需要什么？"

运用 GROW 模型要始终贯穿深度的聆听、教练的当下状态、创造觉察的敏锐度等教练核心能力。GROW 模型让艺术般的教练过程有了过程理论的依据。

▲
▲
▲

▲

▼
▼
▼
▼

# 专注与心流状态

人们常常开玩笑说，"如果钱不是问题，你最想做什么？"其实是说我们内心的干扰让我们无法做真实的自己。

排除内心干扰的最佳办法是专注。当一个人极度专注时，他是不会被内心和外部所干扰的，人的心流状态或者高峰体验也往往在专注时出现，此时人的内在潜能会完全被释放。

我们常常不能专注，因为人都是习惯于且首先聚焦于干扰，如前所述，那是安全感的需要，但那大多数都是内心想象出来的信念，所以我常用"改变信念"来帮助客户排除内心干扰。

但其实只要极度专注于自己的渴望，干扰便不存在。在以下几种情况下人们会得到专注：

1.做自己认为有价值的事；

2.完全在当下，聚焦当下；

3.结果目标与方向足够清晰与有吸引力；

4.去掉对结果的功利心，完全聚焦过程；

5."允许"，接受宇宙的安排，身心合一地融入所做的事情当中，不是用力，而是借势，内心宁静而喜悦；

6.尽量去掉与当下目标无关的奢欲；

7.接受自己的不完美，欣赏每一个过程的呈现；

8.自己的世界自己负责，与他人无关。

　　当我们可以专注，我们会因聚焦得到平静与愉悦，心流状态不需用力便可达到。

　　教练的效果往往与客户专注于目标的程度有关。我觉得教练的过程就是让客户专注，所谓的潜能就会在客户的心流状态中产生，客户也学习到了"专注"的能力，从而实现内在成长。

▲
▲
▲

▲

THE COACH'S WAY

第五辑：：教练的修为

## 教练的境界，是人自己内在的修为

教练的境界，是人自己内在的修为。我常感觉，人做对了，教练也就对了，做人不对，教练技巧再好也枉然。

昨天有教练问，为啥客户对他的问题没反应，而另一位教练问同样的问题，客户的反应是"好问题"。我回答："一是时机，二是温度。"旁边一位插花师立刻说："我插的花和你插的花最大的不同，是因为我跟植物有联结。我是带着爱和欣赏与植物联结的，我喜欢所有的植物。"

我想人也如此：当我们带着爱和欣赏与人相处，对方自然就能呈现最好的状态。同样是工艺品，机器制作和手工制作价值完全不同，其中最大的区别在于是否有人的温度。人与人之间的互动何尝不是如此。

一名带着爱与慈悲的教练和一名只是关注了技巧的教练给客户带来的价值是完全不同的。因此，做教练就是在做人。

# 在乎他，而非他的成功

今天，结束了一个客户近十个月的教练，与客户一起回顾这十个月的教练历程，客户很感慨地告诉我，在这十个月里，她深深体会到教练对她的承托。在她艰辛前行的岁月里有了一盏明灯，在她为自己成绩兴奋的时候有了一份全然的陪伴，她的内心对自己、对世界有了一个全新的认识。这是一份令我满意的成绩单。

她告诉我，在教练过程中，让她成长的不是我的教练技术，而是我高于教练本身的状态。她说："你在乎的不是我的成功，你在乎的是我这个人本身，这让我感觉我是值得的，我是有力量的！"

最近回复一位资深教练关于教练与客户关系的问题时，我说"教练本身就是一份关系"。教练过程是一个生命的光照亮另一个生命的过程，整个过程似乎只是一种引发觉察、持续改进的过程，实际上是一份人与人之间互相滋养与支持的过程，其中流动着爱与尊重。教练的一言一行，完全是教练的自我状态、修为与能量的呈现。当教练心中有"人"，他才会完全地看到另一个生命鲜活的生命力。这不需要思考，也不是通过思考而来的，是教练内心的世界里自带的。用慈悲之心去联结这份天赋与世界，客户便会感受到教练承托的力量。

今天有同行问，我的教练理念是什么，我说是"以敬畏之心尊重每一个生命"。放下心中那份傲慢，用敬畏之心面对上天造就的每一个生命，并以慈悲之心爱这世界，甚至是一花一木，一切都是美好的，也

是有力量的。我觉得教练与客户的关系因此才是纯正的。那份陪伴，是能滋养人的。

技术只是外壳，教练内在的心的状态、境界，才是教练的核心。只言片语，无法言传，只有体会到了，才深有感触。

# 教练的 "陪伴"

很多学完教练的朋友告诉我，教练是一种陪伴，可是我实践很长时间后，才终于明白了"教练陪伴"的含义与价值。

我发现评判教练效果的标准最重要的不是教练的技术有多好，而是教练让客户感觉到自己值得信任，感觉自己多么好。教练身上散发出来的稳定、包容、温暖和智慧的气息，会让客户觉得在探索前行目标过程中有可信赖的支持，而且自己是被无条件接纳的。这样客户便可以完全地、全身心地朝着自己想要的目标前行，进而完成自我探索与自我整合。有这样的教练陪伴，无论面临多大的困难客户都会无所畏惧。当然，这需要教练内在拥有真实的做人品质，还需要具备深度聆听的能力和教练状态的修为。

因此，教练的陪伴是对生命无条件地接纳与支持，最终是教练个人精神品质的呈现。

所以，我常说教练关系最好建立一段时间的合约关系，而不推荐一次性的教练。

# 看到每一个生命源自生命底层的

# 那份力量

又上征途，等待下一个奇迹，没有预设，只有期待。

做教练做久了，听了很多人的故事，每一个人都在追寻生命的价值和意义。有人是幸福的，却感觉不到自己幸福；有人是痛苦的，在痛苦中寻求重生。上天是仁厚的，不会给一个人承受不了的痛苦，因而每一份经历都是为了塑造一个更完整的自己，只是每个人的看法不一样，所以感受也就不一样。作为他们的教练，我陪伴每一个生命去看到他们源自生命底层的那份力量和天赋，因此，面对每一个人，我都是面对一个宝藏。

今天听说一位教练以专家的姿态批评客户，引导客户。我只能说他不是教练，他的评判让他和客户都看不到生命中更多的可能。

# 等待的智慧

最近接触的几位客户在我眼里都是成功人士。今早醒来望着窗外发呆时，我突然想到，他们面对变化的态度有一些共性，于是我对于变化也有了一些想法。

不去猜想下一刻会发生什么，只是在等待一切的发生，等待时机出现后的奇迹。努力不是为结果，而是为引发发生，跟随发生的一切敏捷地捕捉稍纵即逝的机会，创造自己想要的结果。我觉得这是"让子弹再飞一会儿"的智慧，是把创造时机的力量交给系统，把注意力放在时刻警觉时机的出现上。时机未成熟时，所谓的努力总会事倍功半，时机成熟时，结果水到渠成。

时机，有时不是努力得来的，而是整个系统的作用带来的，是很多的因素因系统平衡引发变动带来的。如果只相信自己，就忘掉系统这一巨大的资源了。

常有人问我，"你下一步计划是什么？"我的反应是：我也不知道，看看后面发生什么再说。变化总是发生在计划之前的。我觉得这种等待是有意义的。我从原来的事事计划到现在总等待时机，经历了不安、焦虑、安在与兴奋的心路。要把自己交给系统，需要巨大的勇气，但一旦决定，我感觉上天总在帮我，我只管"收礼物"便是。

当内心有足够的安全感，有不患得患失的果断，我们才愿意去等待。我觉得这种等待就像豹子等待猎物。猎物出现前，豹子岿然不动，猎物一出现，豹子便以迅雷不及掩耳之势猎杀之。

何不"让子弹再飞一会儿"！

## 没有什么是"应该"的

很多时候，困扰我们内心的是"应该"，其实没有什么是"应该"的。变化是宇宙万物更替的常态，也是动力。变化了，就把旧的放在"博物馆"吧，好好安在每一个当下。如果你觉得当下"真好"，就好好珍惜。

我常想，"幸福不是必然的"，因为人们总被"优于平均"效应所蒙蔽，但可知那不是事实。所以，不要肆意挥霍自己的这份福气，失去了，就只有"应该"了。如果一直觉得"应该"，上天让你失去幸福是不会给出警告的，这样的故事我听了很多呢。当然，反过来，"不幸也不是必然的"，换一种活法，换一片天空，幸福也许会不期而至。

# 教练过程中的留白

被教练的过程是客户发现自我和感受自我的过程。客户内心的直觉很敏感，也很脆弱，需要教练很清晰地感受到他的内在世界，包括思想、情绪、潜意识趋向、能量变化等，这都是客户自我工作的信号，需要教练进行深层聆听。但即便是最优秀的教练也有感觉不到、听不到的时候，如果此时教练急于用力，不断发问，或者丢失聆听、跟随，就很容易丢掉教练状态。

客户在自己的世界里有自己内在流动的轨迹。也就是在此轨迹中，他不断探寻自己想要的答案，从一丝的灵感、一点点的感受中产生觉察。这时客户未必是沿着教练的问题走，可能是跟随自己的心走，就像他在淘金路上突然发现金子，想捡。此时教练必须很敏感，不干扰，不用问题引领，留有足够的空间，让客户抓住瞬间的灵感，往往会有意外的惊喜。

作为教练，允许自己聆听深度不足，但要敏感感觉到客户"有话要说"，鼓励客户把欲言又止的灵感道出，这就是我认为的"留白"。

▼
▼
▼
▼

# 教练的情绪调节

　　保持并发展调节情绪的能力是教练自我状态修为的重要体现。一个具有自我情绪调整能力的教练才能在客户需要的时候给予支持，才能真正中正地帮助客户透过现象看到本质。否则，教练自己都陷在情绪当中，根本谈不上教练支持。

　　教练也是人，我认为无论境界多高的人都会有七情六欲，只不过需求不一样、呈现形式不一样、内涵不一样罢了。如何与自己的情绪共处，同时不被情绪所左右，是教练需要修炼的。

　　有两种情形使教练容易陷入情绪中。

　　第一种是陷入了客户的故事里，也掉进客户的情绪当中。其中一些声音会在教练的内心回响："我也曾经有这样的经历呀！"或"他怎么这么可怜啊！""这勾起了我伤心的过去"等，教练不能从中抽离出来。

　　当教练有了这些情绪，教练关系已经没有了中正与承托，也没有了真正的聆听。很多教练把这种状态看作是"与客户有深深的联结"。我认为这是错误的，因为这时教练只是"物伤其类"罢了，并非心中有客户。真正的联结是"我能感受到客户的情感需要，这属于他的世界，我与他同在，我看到并接纳这一切"。

　　出现这第一种情形时，教练需要保持一份专注与好奇，把注意力放在感受客户此时的渴望与期待上，用心聆听，在情绪上给予稳定的承载，而不是与客户一起一头栽进他的情绪中。

第二种情形是教练本人已经在情绪的大起伏中，却需要开始一次针对客户的教练。此时教练管理好自己的情绪是十分必要的，否则教练的能量气息会极大地影响教练结果。常常有人对我说，"你们做教练的，应该没啥情绪起伏吧？"我的回答是"除非死掉了"。教练管理自己情绪的第一关是接纳自己可以有情绪，一般教练还需要在身体层面和环境层面做一些改变，然后再面对自己的客户。当面对客户时，需要教练完全在当下，这种专注于当下的能力需要教练内心相信自己是可以安定的，并尽快与客户联结，感知自己的最佳状态。

有时教练由于身体原因处于情绪低谷，这种情况会影响教练自己的身心稳定，而专注与好奇的修为可以让教练回归力量与稳定的中心。

当然，每位教练的自我境界和修为不一样，情绪的内涵也不一样。随着境界的提升，教练情绪的包容度会变得更加深、更加广，内心的慈悲之心交融于深厚的情感之中，此时教练的情绪状态可以帮助教练更好地与客户建立联结。

教练持续发展与调整情绪的能力，其实也是教练自我成熟的历练过程。

▼
▼
▼
▼

# 教练的情感预热

人与人的交往中往往有先入为主的习惯，做教练也一样。教练在开始一次教练过程前的心理因素和情感因素往往在很大程度上会影响教练聆听的深度与中正，从而影响客户对自我的判断，也影响教练与客户的联结度。可以说，教练的最终效果在教练开始之前就已经决定了。

今天给一位教练做督导时，发现教练陷入了客户的问题里无法抽离。我问她："为何如此？"她回答："这问题本来就无解！"我说："那是因为你早已认定问题无解，因此无法听到客户潜意识中的答案。"

在教练过程前，教练需要一些心理上和情感上的准备，我总结出以下几点：

1.认定客户是具足的，客户的世界里充满了可能性，面对问题时，所有的答案都已经隐藏在他的心中。在教练过程中，客户反映出来的所有言行、情绪、故事等，都是指向答案的资源。有了这样的心理预设，教练将聚焦于资源。

2.告诉自己，客户才是推动整个教练方向的人，而不是教练。把所有解决问题的责任交还给客户本人，由他对自己的成长负责，教练则给予勇气与承托。这样我们才不至于遇到客户无计可施时努力用"强有力的提问"帮他一起思考解决办法，问出类似"此时你的内心觉得什么才是出路？"这样不加引领的问题。

3.允许客户有任何的信念、价值观和角色认知，甚至是系统认知，接纳他的任何情绪，接纳客户与自己的不同。只有这样，教练才能与客户有真正的联结。教练要摒弃评判，最大限度地接近客户的内心世界，与之产生共鸣。

4.欣赏与喜欢我们的客户。当我们接受客户成为我们的客户时起，我们就需要发自内心地感恩与欣赏我们的客户。客户接受我们的教练，是对我们最大的信任，这是最值得我们感恩的。每一位接受教练的人，都希望自己的生命有所不同，都与我们自己一样，会面对生命中的风吹雨打。心中的慈悲与爱让我们真正地、发自内心地接纳我们生命中遇到的每一位客户。只有这样，我们才是真正的教练。

5.以等待奇迹之心，与客户一起发现，不预设结果。任何一次教练过程都是一次神奇的探险之旅，是一场艺术盛宴，无须预设会出现什么，只需发现其中暗藏的奇迹。

6.心中默念：我只做最真实的自己，不求完美，只需要最真诚地对待每一个客户，做好教练的角色。很多时候，教练面对某些客户时会不自觉地不够自信，那是因为太想做一名"好教练"，因而失去了自我。

当我们在教练前有以上心理与情感上的准备，我们便可以在教练当中呈现这样的内心状态，教练过程的底色才是纯正的，我们才能从深层次振动另外一个生命。

以前我在每次教练前，都会提前5分钟做冥想，让自己种下这些心理与情感的种子，我会对自己说：

客户是完全有智慧的，

客户是有自己最独特的生命状态的，

他正与我们一起等待奇迹，

每一个生命都值得我敬畏与尊重，

我放下我自己，全身心地陪伴他。

## 放下"成为好教练"的企图心

教练过程中，我们往往会被"成为好教练"的功利心干扰而失去教练状态，失去与客户的联结，同时会产生否定自我的评判心。

作为教练，我们的角色是为客户的内在成长搭一个坚实的舞台，通过深度联结、创造觉察、激发勇气等方式，让客户在自己的内在探索前进的动力与方向。就算是客户的成功，也是客户自己成就自己的，不属于教练，教练不应带任何的功利心去为客户做教练，不能期待客户给予什么评价，或者期待自己做得成功，应把所有的精力与注意力专注在当下，保持高度的 C.O.A.C.H 教练状态。这样做，教练过程中才会有能量互动，好的教练效果才会呈现。

# "用脑"和"用心"

在一次触疗学习中，老师 Dr. Ritchie 很不经意地对我说了一句："感觉现在你的心游走了。"我当时惊讶于他对我内在状态的敏感。我只是从内在状态中跳出来一下，一刹那便被他感知到了。那时，我深深体会到了教练的"用心"和"用脑"带给客户的不同。

当我"用心"时，我能感受到自己当下内在感受的起伏，没有评判，没有道理，没有应该，只有完全地临在，专注中忘我，感受系统中的每一份同在的变化。"用心"里有很深的联结，与其他生命的联结，与他人、花草树木、环境的联结，也有与自我内在完全的联结。

"用心"的状态需要心中完全宁静，放下自我评判，更需要有一份爱的流动，关系中恰恰好的触碰，感知联结中的温度，允许能量的流动，似乎是两个生命在灵魂中共舞。

教练的"用心"，需要教练完全地相信，相信系统和谐自愈与生命自强的力量，相信客户与生俱来的智慧，相信来自身体与内在本能的力量。没有了"相信"，教练便会产生评判，客户也会产生不安全感，意识便会控制、指挥大脑屏蔽生命信息。

"用心"的体验是当下的、融入的，有鲜明的情绪与身体体验感的。当我内心不够稳定，不够专注、自然、放松时，这种体验便会一闪而过。而当我的心游走了，客户是能感受到的，我自己却未必马上觉察。

有时我甚至需要把"用心""专注"的企图心都放下，完全地临在，完全地与爱联结，忘我、无我，那种"心"的感觉便油然而生。

只有教练的"用心"，才会营造客户"用心"的能量场，进而教练才能触摸到客户人性中有丰富资源的部分。"用心"的修炼过程，是放下自我、滋养联结的过程。

同时，教练中的"用脑"又是必不可少的，"用脑"是觉察的承载体。我相信系统的力量，每个人都有自我修复和达成目标的天赋智慧，就像相信大自然有自净能力一样，人的身体也有自我康复能力，但也需要我们用意识对身体发出指令。当我们内在呈现"心"的体验、接收到系统的直觉信息时，需要"用脑"来运用、指挥，将系统的指引落地。

"用心"让我们感受到生命的全貌，"用脑"让我们知道如何舒展生命。二者结合，进退自如，犹如行云流水般，这也许是最好的教练状态吧。

## 体验身体的觉知和情绪

教练过程中，仅仅依靠思维的内在对话是不能打开觉察的大门的，因为头脑中的自动保护机制有时很强大，铸成铜墙铁壁，而且灵敏而迅速。但身体触觉与情绪触动却可以完整地打开内在的觉察，它们完全忠于内心。身体的感受与情绪的体验好比绿色通道，很容易直达真实的自己。所以，在教练过程中，让客户觉察与体验身体的觉知和情绪，往往会发生奇迹。

今天的客户说，"我一直找不到关键，直到我把双臂张开"，这就是原因。

# 自己舒服了，他人才会舒服

　　昨天一位教练在教练过程中非常用力，总想问出"好问题"，一个小时下来筋疲力尽，我让他寻找自己最舒服的感觉，他不明白，于是给他讲了一段我的经历：一次做五行指压练习时，七十多岁的邱老师说："为他人做指压时，要先让自己舒服，自己舒服了，客户才会舒服。"我认为教练过程、做事过程也是这样的道理。当我们自己舒服了，我们才能与大自然契合、与周围环境和谐，这时自我潜能会最大化呈现。如

果我们自己感受不好，企图用力，以为自己在照顾他人，我们一定会把自己的不舒服感觉传递出去。当我们感觉到不自在，一定是哪里出问题了，不符合"天道"。所以我总觉得遇上对的事情、对的人，会很舒畅、愉悦，遇上不对的事情、不对的人，会很焦虑、纠结。其实每一个人都是非常敏感的，我们的用力、不舒服会转变成他人的内疚、无力。因此，作为助人的教练，可以通过以下方向调整自己：

1.放下牺牲自我、帮助他人的念头。自我牺牲是他人的毒药，最好的帮助是与他人同在，先让自己快乐起来。（教练关系、工作关系、亲子关系等都是如此。）

2.教练时所说、所感、所思，都应该是自然的、流动的，非用力思索的，教练要让自己先进入心流状态，这种心流状态会像涓涓细流流向客户。

3."先让自己舒服"并非自私，是心里有你、有我，还有世界。不做自我牺牲，不用自己的痛苦换得我们以为的他人的快乐。奉献，也要是自我快乐的奉献，这样世界才能因我而美丽。自我牺牲是不相信对方，也会削弱对方的自信和自我负责的内在力量。

4.我们身心舒畅，说明我们所为符合万物之道，这样做所传递出来的能量也符合协调的自然规律，也是最恰到好处的。

因此，我总认为，最好的家庭教育是父母自己活得幸福，最好的教练是自己先进入心流状态。

# 教练的爱与能量

督导学生，亲历一次很成功的教练过程，当客户激动地对教练说"我真的很感激你，你让我看到了真正的自己"，教练很真诚地说"因为我发自内心地相信你"，然后说"憋了很久，但我还是要跟你说，我真的爱你！"此情景让我这旁观者震惊，深深感受到一个人的慈悲之心可以让身边的人完全沉浸在被爱的安定当中，于是内在探索的奇迹便呈现出来了。我相信，此刻在教练的眼中，他看到了对方的生命力，对方也接收到了他内心的那份爱，因此双方产生共鸣。这是一次不用技巧却胜过任何技巧的成功教练。

我常常说，人做对了，教练就对了。因为教练本身的能量气息总透着教练真实的内心世界。这种天然的能量气息就是最好的教练承托。客户不会因为你说什么而是感受到你是什么而相信你，因为相信你而相信自己。这其中大部分是非语言的，是一种感知。我见过很多学习教练技术没多久的人，教练屡屡取得成功，也缘于此。

教练的能量层次与教练本身的内在修为有极大的关系。

1.教练是否有爱的能力。面对客户、面对他人时，教练是否真的发自内心地接纳、喜爱，而不是假装去爱。在众多的能量状态中，慈悲之心的能量等级是极高的，仅次于开悟。

2.教练是否有联结与深度同在的能力。很多客户会随时警觉，很难交心，教练的接纳与开放状态、深度聆听的本能，会让客户因"你懂我"而接收到联结的信息。

3.教练是否有值得信任的亲和力。我一直觉得教练的真实是亲和力的前提。作为教练，越真实越有力量。而这种力量不会带给客户压迫感，反而会增加彼此之间的信任。有些理智的教练认为亲和力是没必要的，那只能说因为他只看到"事"，而没看到"人"。

亲切感还来自教练给客户的是真正的支持与承托，不是"我高你低"的好为人师的心理状态，也不是带着"怜悯"之心的自我优越感的心态，而是"相信"的能力！

亲切感不是讨好，而是坚定的包容，是一个教练的自信与温度。

4.教练自我内在的个性修为是否成熟。如果自己处于"孩童"心态，或者处于不成熟的"索取"心态，这样的教练是不会带给客户安定可信的感觉的。我感觉教练个性成熟是指沟通分析学科中提到的父母性、成人性，自我安在当下、接纳自己、关爱他人和自我负责的能力。如果认为自己这部分修为不足，教练一定要在实践中不断修炼，让自己成熟起来，这还包括了审视自己的价值观。当然，这也是修炼教练技术的理由。

所有这些，都会融进我们作为教练的能量气质当中。被客户直接感受到，超越于语言、技巧，是教练修为的根本。

因此，成为教练前，当先修自我。

# 运用"系统"能量

　　回想过往每一次团队教练或者一对一教练，似乎都有一股自然形成的内在力量在流动着。比如教练过程中团队成员间不需任何外力自然形成的深度探索互动，一对一教练时客户自然地走进自己的内在进行对话的深度思考等。似乎不需要任何外力，教练关系内在的各种因素自然发生互相作用，在和谐与冲突间逐渐达至平衡，因此得以发展。

　　此时教练只是一名煽风点火者，无须用力，无须控制，只需要顺势而为，因势利导，用欣赏、好奇与期待的眼光不断感受现场能量的起伏，充分利用直觉力点燃这股系统自然形成的能量流，奇迹便会不断呈现。这种系统的能量来自客户自身生命的智慧，这种智慧在被激发或者被允许后发挥出巨大的力量。这时如果教练有"邀功"的企图心，企图控制或引发自己期待的结果，便会打破这股智慧的流动，客户自我系统的智慧也会随之消失。

　　因此，若教练相信每个系统自有其能量流动规律，像允许万物自然生长一样允许教练过程中出现任何现象，甚至是激发其自然发生，教练便能敏感捕捉系统的能量流动信息，激发教练过程中内在的系统能量，客户最大的"潜能"也因此被激发出来。反之，当教练企图通过自己的教练设计控制教练效果，忽略客户最底层的力量，客户内在的流动就会因为处于被动而僵化，客户容易用思维分析代替真实感受，很多的"应该"会出来，"知道但做不到"就是这样被教练出来的。

　　每一个系统都有一种流动着的力量，这种力量在动态平衡与不平衡之间切换，从而得到发展。这股流动着的力量是自然形成的，犹如风动。如果逆流而动，外力的介入会加剧不平衡的程度，改变平衡的结构，也许会将系统带到介入者自己想要的系统，而非客户想要的系统当中。

　　希望若干年后，客户会因为我们尊重了他们的系统、运用了他们的系统而感恩我们曾经的教练关系，而不会因为我们过分热心，不知不觉间用自己的期待、价值观强加于客户的世界而使客户生怨。

▼
▼
▼
▼

# 越真实，越有力量

刚刚开始做教练时，总要端起教练的架子，似乎这样才"专业"，于是发现自己只是"装模作样"做教练。随着这些年面对的客户境界层次越来越高，我发现自己做教练虽然变得越来越随意，却感觉与客户的联结越来越紧密。后来发现，做教练也跟做人一样，越真实，越有力量。所谓教练的真实，包含了下面多种含义。

教练真实地面对自己，接受自己的不完美，全然地接纳与包容内在的自我。

教练真实地面对自己的感受与情绪，在自己真实的情绪与感受中直接与客户的能量发生流动，这种真实可以激发客户呈现内在的真实。

对教练过程的疑惑、好奇，甚至是不经意的评判，都不遮掩，自然地呈现，以引发下一步的探索。当一个成熟的教练在教练过程中仍不能避免评判时，也许那是直觉而非评判，是否是评判与教练当下的发心有很大的关系。

教练过程中教练内心永远相信客户自己内在的智慧远胜于教练，完全在中正、开放、好奇等教练状态之下互动，内心没有我高你低。若教练觉得自己是"老师"，所以放不下"面子"，很难呈现真实。教练要把成功的优越感让给客户，但内心也不能低于客户，变成讨好。

当内在真实，教练底气就足，语言、状态和营造的氛围也就都自然了，客户也会感受到教练在真正地与他联结。也就是说最好的教练在教练过程中与客户的交流如同与生活中的知己聊天一样。

真实，并不是教练任由自己的性子，不顾及他人感受，而是建立在中正、当下、深度聆听与联结基础上的真诚，眼里是有自己、他人和世界，是和谐且平衡的。

当前，中国的教练很多时候还处在模仿外国老师语言的阶段，在课堂上将外文直译成中文讲给学员听，不真实的感觉就更明显了。需要有一个与中国文化语境结合的熟练过程，这需要在实践中逐步调整。

其实做人不也是这个道理吗？越真实，越有力量。

▲
▲
▲
▲

▼
▼
▼
▼

# 教练的自信

很多教练问我，如何让自己自信，我常常用自己的理解说："越真实，越有力量，这份力量可以理解为自信。"

教练的自信首先来自"接纳"。当我们真实地面对自己、真实地呈现自己的时候，我们无须掩盖自己的长处和不足。我是一棵草，我就呈现最真实的草的样子；我是一棵树，我就坚定地呈现一棵树的样子。自然万物，都有其自身独特的风采，如果想掩盖自己或他人以为的"弱点"，以为他人感受不到，那就如掩耳盗铃。也不要小看了世界对我们"不足"的包容度，过不去的只是自己的内心而已，并非他人。

教练的自信还来自于"做到"。也许有人说"我并不相信自己，如何能做到？"我却认为"做到"是在"相信自己"之前的，没"做到"之前不会"相信自己"。于是为了"做到"，我们需要勇气，一边恐惧一边前行，不以"不相信自己"为理由退缩。当我们在恐惧中"做到"了，自信自然而来。

教练的自信还来自于"相信"，相信自己、相信客户、相信学问。傻傻地去相信，放下对自我和对客户的掌控，顺势而为之，用好奇心期待着奇迹的出现，我们的关注点会在美妙的探索之中，从而无暇自卑。

教练的自信还来自放下做一个"好教练"的功利心。既然教练不评判客户，那就更不应该评判自己。与客户同在当下，也要放下对客户的身份、地位、能量高低的分别心，若做到这些我们就会感觉到教练

"遇强越强"的魅力。正如理发师说的,"我对的是他的头发、他的发型,不是他的地位,我的剃头刀下去谁都一样要低头"。教练也应该有这种自信。

尊重自己,尊重自己的学问,尊重我们的每一位客户,没有人敢不尊重你。

## 读《取类比象》

今天读了一篇中医方面的文章《取类比象》,我想到了教练的"道"。文中提到:万物皆有"象",按同象同类的原则,由一般到个别,从已知推导未知,以类万物,中国古代圣贤即是以这种演绎方法来认识世界,建立了整个传统文化体系。中医是传统文化中的瑰宝,中医学中亦有"象",古人发现,人与万物皆在天地间,其实和天地自然并无二致。天地是一个大宇宙,自身即有一个小宇宙。因此说,天地之象、万物之象与人之象可互相对应。

在做教练的时候,客户的内在状态、处事表征也与此论述有极大的相似之处。比如造化有"春生、夏长、秋收、冬藏",人的状态也有类象,逆天而行往往焦头烂额,尽管看似成,实际是败。如果顺天而行,也就是顺"道"而为,身心合一可至。在人的潜意识里"天道"早已存在。我们的身体与精神其实天生追求"平衡"与"流动",只是我们的头脑总在自以为是地与此抗争,因此往往背道而驰。中医以"天人合一"为根本,教练何尝不是?

教练之道在于循天道而行,聆听每个人深层的生命规律。客户所有的表征都是资源,都是信息,都是回归本源的动力。

某日，回到老家旧宅，与母亲一起照了这张照片，在妈妈身边总能感受到那份温暖的力量。

（林燮　摄）

THE COACH'S WAY

第六辑··与客户共舞

## 每个人都是独特的

　　每个人都是独特的，内心底层都有最美的地方。当我们用欣赏的眼光和内心看一个人的时候，我们会发现一个完全不同的人，同时也会激发对方展现最美的品质。如果我们只看到他的黑点，我们也可以找到千万种证据证明他是黑的，同时也激发他丑的一面。不同的视角带给我们的内心感受也完全不同。所以，人际交往中的好与坏，其实很大程度上也是我们自己的选择。

# 对的客户，教练才能有效

常常有教练向我诉苦，为一些客户做教练，已经做了很多次，却还在原地兜圈，客户和教练都痛苦。我的回答是："你是否找到对的客户？"

我一直认为，教练是否有效，除了与教练本身的教练修为有关，找到对的客户也是很重要的。有些人，很容易就被点燃，点燃自己，也点燃教练，这种教练关系是彼此共舞，在优美的流动中完成完美的探索与觉察。也有些人，即使教练使出浑身解数，他仍然停留在自我的混沌当中，寸步难行。遇上这种状态的客户，如果不是教练能力问题，就要考虑客户真正需要的是什么了。也许是时机未到，也就是客户还没准备好被教练，或者说客户还不够痛，还不想改变，也许是教练技术并不适合此类议题，比如客户需要的是心理辅导或顾问支持。但更多的是客户的思维和精神层次还达不到自我负责的层次，这与他的工作、生活阅历甚至是学习层次相关。一个一直处于生存恐惧中的人不可能去思考精神与价值追求的意义。一名执着于受害者角色的客户，也很难想象放下抗争后内心的轻松。对于这两类客户，教练的效果是完全不一样的。

我很认同教练技术是为注定优秀的人准备的，教练不要把有限的精力放在无效的教练关系当中，更不要让自己陷入自我否定的教练关系当中。

对的客户，会让教练感觉到毫不费力。这类客户自我成长与改变的欲望强烈，个性成熟，懂得关注自己的内心，也能体会到与他人联结的愉悦，相信教练，愿意以开放的心态面对自己和他人，最重要的是有自我负责的修为，懂得在自我觉察中不断精进，并有把思考付诸行动的勇气。面对这类客户，教练是会被滋养的，教练的陪伴会让客户轻松地跨越到更高的人生境界中，教练也会被赋能。

不对的客户，首先教练会感觉经过多次的教练，客户始终在自己狭窄的内在空间当中，托付心态严重，只愿意死盯着外因的局限，即使觉察到了自我的局限，也找理由不改变，只需要倾诉，像祥林嫂。这类客户需要经受更多的痛，上天以痛苦来敲醒他，当他足够痛了，他才会愿意改变，到那时才是教练介入的最佳时机。这也是我始终坚持客户不发出邀请、我不会给他做教练的原因。

还有一种客户，并不相信教练，在教练关系中只想证明自己是对的，处处以"哲学家"的态度与教练做思想博弈，无论教练如何在当下，他都只跟教练谈观点，或者强调事实，或者解决"实际"问题，教练无法真正打开他的内心世界。这类客户需要直接沟通，或者直接放弃。就如中医所说"不信中医者不治"。

当然，有些客户是需要时间陪伴的，教练需要逐步让他走进"被教练状态"，我称这为"客户管理"的一部分。

选择客户比培育客户更重要，找到匹配度高的客户，教练效果往往让双方都惊喜。遇上不对的客户，纠缠不清，最终也只能是落得浪费时间。

其实人与人之间的相处也是一样的，企图把自己放在"拯救者"角色，与不对的人交往，人生则焦头烂额，而遇上志同道合者则会让人生精彩。

## 朽木不可雕吗

　　人们常说"朽木不可雕"，可如果是这样，为什么要雕呢？放在对的地方，就是艺术品了，很有韵味。人，去对的地方，遇上对的人，一切也就对了，无须争辩、抗争什么。当遇到困境，非自己所能控制，反向去想：上天在给我什么馈赠？

　　当走进能自如地做自己的空间，遇上可以让自己完全做自己的人，与之同行，一切都将完全超出自己的想象。

# 合适的是最好的

　　人们常说教练技术是一门发展一个人乃至团队的潜能的技术，但教练技术不是万能的，很多人把教练技术作为解决问题的手段，因此很多教练的议题会围绕客户的"痛点"而展开。我认为这是对教练技术的误解。教练技术的最终目的应该是让客户通过发展自己的内在、外在能力，充分激发内在力量，达至个人、团队的能力、思维与境界的成长，从而更有能力达成更高的生活、工作目标。就像篮球运动员的教练，不会在乎一次两次投篮、运球的成功，更关注运动员整体潜能的培育与发展。

　　关于教练的目的，很多教练甚至以"解决问题"作为自己的标签，这样很容易扮演专家的角色，或者是流程控制者的角色。那不是教练。教练关注客户在探索达成目标过程中的自我认知、内在潜能和思维模式。客户触摸到达成目标的内在潜能，就会触发无限的可能，他能感受到自我成长的喜悦。所以，教练技术是基于人的底层开展工作的，让人不仅获得能力成长，还有境界的提升。如果仅仅围绕"解决问题"，就会就事论事，进入不了个人内在成长的范畴。如果是要解决问题，咨询、顾问、培训与督导应该是更好的手段。

　　因此，关于教练技术适合什么，我有了一些思考。

　　1. 对于期待自己通过生活、工作经历提升自我精神、能力和思维境界，达成某种人生目标的人，教练技术会非常有帮助。

2.对于遇上生活、工作瓶颈，期待通过跨越困难走向更高层次的自我发展的个人与团队，教练技术是有效的。

3.当感受到自我思维、能力有较大的局限，期待打破固有思维，从受害者角色向创造者角色转变的团队与个人，教练技术往往会造就奇迹。

4.有鲜明的个人、团队发展目标，期待激发个人、团队的内在动力，以造就成功的个人、团队，教练技术是重要的手段之一。

5.如果是以成长、学习为目的，教练的方向就对了。此时教练需要与客户理清目标，并以客户自我负责的角度，相信客户自带天赋潜能，探索方向清晰，加上行动计划的落地，教练效果就会凸显。我总觉得教练的效果不体现在教练过程中，而体现在教练后的计划落地行动中。因此，教练后的跟进十分重要。

6.很多教练把自己的教练锁定在"解决问题"上，只是为了满足客户当下解决问题的迫切心，这看起来是对客户以为的结果负责，但其中有功利心。这不是教练应该有的聚焦点。

一般情况下，客户会带着"痛点"来找教练，教练要将"痛点"转换为成长目标。如果客户一直只关注"痛"，他是很难被教练的，也不会改变。

总的来说，教练技术适合具有长远目光、有大志的人和团队。我越来越觉得弄清楚什么话题该用教练、什么客户适合被教练，教练目标也就清楚了，教练效果才能呈现出来。

## 与有缘之人共处，
## 滋养自己、润泽他人

有教练诉苦，自己用心却不被客户理解。"天雨虽大，不润无根之草；佛法无边，难度无缘之人。"有些人本来就与你无缘，何必死磕。与有缘之人共处，滋养自己和润泽他人。

工作如此，生活亦然，教练关系更是如此。

# 被教练状态决定了教练效果

　　我相信今天客户流眼泪是因为看到自己内在喷涌而出的力量而被感动的，是那种经历痛苦后找到真正的自己的喜悦。真正的教练效果体现为客户从内心底层发出力量。当客户打开心灵禁锢，看到充满智慧、勇气和张力的自己时，内心将无比愉悦。这不是教练为他做了什么，而是教练的聆听、同频与能量的共振，激发了他内在沉睡的"狮子"，从而他勇于直面任何挑战，有一种为自己重新活出真我的呐喊。有此感受，幸福感、愉悦感和成就感将接踵而至。

　　被教练状态决定了教练效果。客户在下面情形下，往往最容易进入良好的被教练状态：

　　当他够痛，有强烈改变意愿的时候；

　　当他真正被未来结果强烈吸引的时候；

　　当他对教练和教练技术有充分信任的时候；

　　当教练和被教练者都处于完全的当下状态，教练超越深层聆听进入能量共振的时候；

　　当客户开始从自我内在寻找资源、自我负责的时候；

　　当教练完全发自内心相信并看到客户是具足的，能透过事情看到客户深层生命力渴望的时候。

　　人与人之间的同频是有条件的，不是每一个人都可以成为我们的客户。那些一直不在状态的客户不一定是教练的问题。所以，我是赞成筛选客户的，把精力留在能为我们赋能的客户身上，教练的生命才有意义。

当然，有时候客户的被教练状态也需要教练主动引发。教练的经历越丰富，教练技术与自己浑然天成的机会就越大，对客户的包容度就越大。

教练的任务是让客户触摸到他内心最底层的生命力，并通过自己的勇气发展出来。萨提亚的冰山模型中生命力就是"自我"，包含与生俱来的安全感、价值感、联结、爱与被爱、独立自主的生命力。不管客

户处于何种状态，如果教练能建立安全的教练空间，透过客户的外在表现，看到他内在的渴望，并激发他对渴望的追求，客户被教练的状态也就被调动起来了。

此外，一次教练关系和长期教练关系的效果不能相提并论，效果的深度、厚度都完全不一样。客户的被教练状态会因为教练接触的深入程度而逐步增强，教练的效果也因此会逐渐显现。

教练与客户的关系就像两个跳华尔兹的舞者，在舞动中默契配合，互相辉映，才能跳出优美的舞姿。同时，对于教练效果，客户是用行动而非语言告诉教练的。

# 持续教练关系才是真正的教练关系

　　一次教练很难达到教练效果，要想有效果，最好是建立持续性的教练关系。因为教练的效果取决于教练后的行动，而不是一次教练过程中的"aha moment"。真正的醒悟是把感悟落地，在行动中体验，哪怕是行动中遇到阻力，也是教练生效的过程。可悲的是很多教练把持续教练都做成一次次的一次性教练，甚至每次都痛苦地找话题。

　　持续性教练有着达成总体成长目标的持续改变过程。每一次教练都让客户在行动中反思、体验，然后改进。同时，教练的持续性陪伴有效地增强了客户自我突破的信心，并能有效地帮助客户沿着自己想要的长期目标前进。这样客户和教练都能感受到教练成果的逐渐呈现。所以每次开始教练前，我一定会问客户，上次教练后有了哪些行动，有何发现，有何障碍，还需要突破什么。在一段时间的教练后，我常常会问客户："与你第一次见我相比，你有了什么改变？"这时客户的回答往往让我有意外的惊喜。

　　一次性教练经常是客户为了解决某个问题而进行，或者为了考察教练的水平而做。但尽管是最优秀的教练，如果只是给客户一个启发，客户往往会停留在"知道"层面，然后教练听到的会是"我知道我应该这样做，但真的做不到"的可悲结局。其实一个企业做一次团队教练，也是一样的道理，没有持续的教练关系，还不如来一场培训。

　　一个人或一个团队要想获得进步，是需要花时间的，需要教练和

客户有紧密的联盟，并且达成共识。教练效果从来都是双方共同努力的结果，这也是"客户管理"中的重要部分。

所以，对于教练们来说，有持续教练关系的客户才是真正的教练客户。

▲
▲
▲

▲

# 客户需要"自我负责"

ICF 在新八项教练核心能力中提到，教练要有引发客户自我负责意识的能力，我一直觉得这对教练来说是很重要的理念与能力。

客户对自己的选择"自我负责"，意味着他是自己的主宰，一切行为和决定都是他自己选择的结果。事实上也是如此，往往我们自己做了选择，却埋怨外界、他人，或者说自己是"无能为力"的，是"被迫"的。如果教练意识不到客户的一切行为都是客户自己当下认为的最好的选择，就会企图与客户一起从外界找原因、找方法，于是便会陷入无力的状态当中。这时，如果客户没有"自我负责"的心智，就很容易走进"受害者"角色，这是客户最容易做到的，但会离教练目标越来越远。

其实，每一位客户都是很愿意自我负责的。因为当他们提出某个发展目标和议题的时候，他们的潜意识里早已有了自己选择的方向，也就是我们常说的"客户已有自己的答案"，只是潜意识还没有转变成意识认知，因而感到需要教练的支持。让客户自我负责，其实是让客户掌控自己内心真实的意愿。

让客户意识到自我负责，教练才能产生效果。当客户知道一切的选择都是自我选择的，他才会觉得自己是可以主宰自己的世界的，也才会往内看，因此也可以感觉到发自内在的力量，看到自己内在的资源源源不断产生。

让客户有自我负责的意识，教练可以从以下方面着手。

1. 教练目标应该是客户自我的目标，如此才能实现客户的自我负责。有时客户提出的目标会是关于公司的、他人的或自我的，但只有客户的自我目标才应该是教练目标。当目标是关于"自我"的发展与改进时（包括个人与团队），一切探索才有意义。至于"我想改变我上司与我沟通的方式"等目标议题，需要改变为客户自我负责的目标，如"面对上司的'一言堂'习惯，我期待自己有何改变？"

2. 当客户不断地往外看时，也要让他看到自己的内在世界。比如：

"当你期待他有此改变，你的内心真正期待的是什么？"

"在这件事情上，你发现自己的角色是什么？"

3. 让客户意识到自己的行为是基于自我的选择而非他人的选择，比如：

"你是为了什么而放弃这次机会的？"

"这种'被迫'里有什么是你在乎的？"

"你觉得你正在为自己铺一条怎样的路？"

"在这件事情中，你看到一个怎样的自己？"

4. 当客户说"我没办法"，急于向教练询问建议时，教练应该看到并觉察到客户的期待，相信客户有自己的答案。比如：

"你期待我给你的建议是什么？"

"如果真有人可以帮助你解答，你期待得到的答案是什么？"

或者直接越过他的问题，"当你真的得到了这种绝好的建议，你会看到哪些不一样的结果？"

5. 整个教练过程都应该是客户自我推动。教练在意识当中，必须相信客户是具足的，在他们的世界里他们比教练更有智慧，也要相信客户是更喜欢"自我负责"的，不需要教练越俎代庖帮忙解决问题。

我常见的剥夺客户自我负责的问题是："这次教练后，你需要我怎样帮助你达成目标？"这是教练初学者常犯的把责任往自己身上扛的错误，因为这个问题包含了"客户不能自我负责"的含义。

在ICF旧的十一项核心能力中，第十一项"教练承诺里"，可以问："为了保证你的行动目标达成，你还需要考虑什么？"把达成目标的权利和责任交还客户。

在教练合约签订前，在匹配约谈中，教练有责任告诉客户：教练的作用在哪儿，教练的角色是什么，教练可以做到的和不可做到的是什么，客户负责什么，教练达成结果的途径是什么。这一切沟通都有利于客户被教练时迅速进入"自我负责"的状态当中。

但要注意的是，作为客户信任的人，教练让客户自我负责，并不代表教练可以当甩手掌柜，而是要承托，让客户有勇气去面对，走出自己的舒适区，实现心理上的跨越。

▲
▲
▲
▲

# 我们的世界是我们自己选择的

　　自我负责，是我最近几天感受最多的思考。见识到太多的"我是受害者"心理，不由的一声叹息。大部分事情，其实是我们自己的选择，我们可以埋怨、指责，告诉世界"我是无辜的"。但任何人都没有责任与义务对我们负责，他们也有他们的生活，没有了他们，我们的生活依然，唯有我们自己应该对自己负责。但指责总比改变更容易，因为指责其实是告诉自己：错的不是我，所以我不用改变，就心安了。这也是这么多人想一直停留在"受害者"角色不变的原因吧。但更可笑的是，我们内心常常会有一种感觉，"如果我改变了，那不就证明'他'是对的，我是错的吗？"于是坚决不放下"受害者"角色。

　　其实即使是整个世界都对不起"我"，所有条件都不如"我"意，"我"依然可以选择自己的感受，选择在任何环境下保持本色、追逐幸福的状态。但有些人往往情愿一辈子活在愤怒、指责当中，放弃自我选择的权力。要知道选择当下的自我良好状态不等于不进取，更不等于放弃尊严与原则。

　　当我们说"没办法"的时候，其实是把责任推卸给外在的世界或他人了。我们的内心是可以自由选择的，做或不做，放下或者死拽着不放，都是我们自己的选择，但我们往往怪罪于他人或环境，造成自己是受害者的错觉。其实我们完全拥有且正在使用选择的权力，也就是我们是有改变的自由的。我们之所以选择，是因为不想要其他选择所带来的后果。可是我们会觉得这选择不是我们自己做出的，那是我们不想负责时候的感觉。所以我们的命运是因自己的选择而来的。我们有选择的权力与自由，更有改变的自由，为何一直把自己放在受害者的角色当中呢？其实在任何环境下，我们都是可以选择成为创造者的。

　　能真正自我负责，就已经把幸福的主动权握在自己手中了。

▲
▲
▲

▲

▼
▼
▼
▼

# 客户管理与教练效果

很多客户最开始对被教练充满期待，但一段时间后那种好奇就丢失了，难以持续。这种现象常常与教练刚开始时没有做好客户管理有关。一开始没有做好客户管理，就已经注定了难有好的结果。没有做好客户管理的表现，我总结为以下几个方面。

1.客户没有被教练的欲望，很勉强地被教练。这在众多大企业教练项目中比较常见，而在个人教练中教练自己过分热情地想帮助他人也很常见。在对方毫无准备的情况下被迫接受教练也比较常见。

我总觉得教练过程虽然只有一小时，但是很神圣的，甚至有时我还会创造仪式感。如果客户还没有准备好被教练，教练是不可能有效果的，甚至是有后遗症的。

因此，我觉得建立信任关系的前提是让客户内心有被教练的欲望，激发这种欲望也是教练做好客户管理的第一步。我在做企业项目前一定让企业的管理者先在企业"煽风点火"，这样做往往奏效。对于个人，先做一个倾听者，"请君入瓮"是个好办法。总之，客户没有准备好，我是不开始教练的。

2.教练的长期目标不够清晰。很多教练告诉我，一些客户每次教练的议题都毫不相关，最后苦于"没话题"而放弃教练关系。没有长远的教练结果目标，客户很难坚持持续发展。每次一个目标，很快就会发现自己只是原地打转，客户会告诉教练"很好了，没话题了"。其实这是把教练当作解决问题的工具，而不是持续成长的台阶。

因此，除了教练前的详细目标问卷，我还会在每次建立教练关系前，或者已经完成了一个阶段的教练之后，就此问卷与客户畅聊一次以上。有清晰的教练成果目标，这也是与客户订下契约的关键。一次性的教练就花时间弄清楚当次的教练目标结果。在下一次教练前，我会通过客户行动计划总结表问客户即将进行的教练主题是什么。这样客户便会在教练前已经考虑到每次教练议题与他的总体目标之间的关系。

3. 不合时宜地坚持"教练原则"。我的客户大多都是企业的管理者，如果是曾接受过教练的，就很容易进入被教练状态，主动思考与自我探索。但大部分是没接触过教练技术的，因此常常陷入受害者角色、局限性信念、负面情绪或者求取建议的境况中。早期做教练期间，当客户很焦虑地问我要建议时，我很容易忽略他们当下的感受，用所谓的"教练原则"去坚持教练，甚至硬生生地说"教练是不给建议的"，结果客户常感到无趣而对我失去信心。

其实这时候教练需要做的是跟随当下，持有"人性"的温度，承托客户的信心，聆听他的内在。这也是教练关系中客户管理方面重要的一部分。哪怕只是给他一些我的看法，或者表达我对他的焦虑的理解，都是重要的。

4. 没有管理好客户的行动计划。有些教练欣喜于教练过程中的收获，却发现客户当下很兴奋，过后一切照旧，没有改变。这可能有两种原因：一是教练的话题并非重要，或跑偏了；二是没有行动的计划与落地。

我一直认为，教练的效果并非在教练对话当中，而是来源于客户的行动过程。因此，每次后续教练前，我一定要我的客户填写行动结果反馈表，让他反思，自我负责。不管客户职位多高，工作多忙，都不例外。客户反馈给我的信息是，行动过程的反思好比一次自我教练，也是自己履行承诺，他们会看到自己一步一个脚印地成长。

就算行动计划无法落地，客户填写的反馈表也能提供一种纠错信息。有时候教练过程跑偏了，行动计划就无效了。

5. 没有管理好客户的时间观念。教练关系中最难的是客户的时间，客户都是大忙人。其实我每次与客户商量都是"初定"，后面可能会改的。但如果长期如此，教练关系便会被轻视。因此，我很看重教练时间的提醒，也让客户感受到自己对每次教练的重视，之后基本就很少"意外"了。

教练关系中如果没有做好客户管理，就像好的种子没有适合的沃土一样，我们会以为自己很糟糕，其实是需要双方共同努力，如果有些客户实在无法同步，我会主动放弃。

客户管理的主动性应该在教练自己身上。

▲
▲
▲

▲

▼
▼
▼
▼

# 如何管理客户

昨天的教练给我的启发很是深刻，客户的状态没被管理好，就匆匆进入话题，教练在开始就基本上已经注定了失败的结果。

关于管理好客户，教练要注意的维度很多。

1. 目标合约越清晰越好，澄清能牵动客户深刻感受的目标往往是教练成功的一半。

2. 当客户一定要教练给建议时，教练不要被客户"牵着鼻子走"，否则客户会反过来否定教练的意义。此时需要的是让客户不知不觉地走回自我思考，教练需要稳住状态。客户会习惯"被教导"，但又讨厌被教导。任何时候都要让客户感觉到自我负责是对他最大的尊重，也是对教练最大的尊重。客户付费是买自我负责的促进者，而不是买一个结果。

3. 灵敏感受客户当下关注的面，而非点。不要以为客户告诉我们的主题就是应该聚焦的话题，其实客户需要的是更加宏观地看待自己的世界，而不是只盯着一点。否则客户就会感觉教练没有关注他所关注的。

4. 分析型、理智型的客户比比皆是。他们一开始往往会审视教练是否够优秀，琢磨教练的"套路"，而非进入被教练状态，而此时教练要做的是瞄准话题核心。与客户建立亲和与信任的关系能使教练迅速把握住客户想谈的话题的核心。

5. 做好行动过程反思。在下一次教练前一定要客户自己反思行动取得的结果，总结新的觉察，还要确定自我提升的下一个教练议题目标。这无论如何都需要客户自己完成思考并填写。

　　教练效果的达成与否与是否建立了信任关系非常大，有时信任关系没有建立起来，特别是企业中的一次性教练，很多时候需要教练自身首先调整，但也不需要太以客户为"上帝"，否则这"上帝"反过来瞧不起你，也无法建立信任关系。

▲
▲
▲

▲

# 让客户与孤独共舞

作为教练，常常听到很多人内心底层的声音，其中内心孤独的人不少，这与金钱、地位、境况几乎是没有关系的。在喧嚣的世界中，或八面玲珑，或风光无限，内心却十分荒凉者比比皆是。感慨于人生苦短，好多人却耗费大量的力气去与内心的荒凉抗争，有人也许穷其一生也无法体会到什么是幸福，或为了满足他人的眼光用社会庸俗的标准定义自己的成功与价值，丢失了真实的自己。也有人为了满足他人的情感勒索以爱的名义牺牲自我，沉浸在自我悲凉的内心世界，以上种种都可能让内心滋长孤独与荒凉。

可是，如果教练企图拯救他，努力让他放下这份荒凉，那就很可能会进入一个陷阱。因为这份孤独对于他来说，也许是有十分重要的价值和意义，丢失了这份孤独，他更难体验真实的自己。

内心孤独，也许是因为孤高，看似无人"懂我"，实则与世不争。体验孤独，才看到了真实的自己，内心有着更高层次的体验渴望。这种孤独是他内心的珍宝，而他自己却不一定知道。

当然，客户的那份孤独如果是强烈地寄托于他人的"懂我"，那是纠结于改变他人的世俗欲望当中。此时让客户看到，同时让客户用自我的力量去改变自己，也许是教练能做的。

有些人在孤独与荒凉中体验自我，教练不要过分热心去打扰，就让他在教练的承托与信任中与真实的自我相遇，其中自有能量。

　　与内在的孤独同在，是这些客户的需求。尊重这份需求，让他们触碰到心底那份于他们来说无限高贵的精神境界，也许才是教练与客户共舞的美妙之处。

▲
▲
▲

▲

# 不要企图帮助客户

上天要我们经历的，我们都得面对。

常有客户经过多次教练，依然难以突破，痛苦地在原地打转，纠结困惑。以前我总以为是自己教练不得法，后来越来越发现，这是客户正在经历他人生中必须经历的磨难，是上天需要他经受这份痛苦。如果我在他没有完成自我重整前，企图把他从痛苦中救出来，那就是逆天而行，不可能有结果。更何况他迟早还会因此而在未来的人生中付出代价。

因此，每当遇上这样的客户，我会把陪伴他度过最痛的时光作为最重要的任务，让他自己去面对自己的挣扎，不干预，不用力，更不企图去启发或引领。我明白，此时他最需要的是作为教练的我的承托，我的承托会让他看到自己的挣扎与迷茫，也让他感觉到此时有一份信任和力量与他同在。

我知道我无法通过一两次教练让他释然，也不能帮助他离开艰难与痛楚，我只是陪伴他经历人生蜕变的旅程，希望因为有我这教练对他的相信和看到，他内心多一份勇气去踏上属于自己的"英雄之旅"。

小时候看《西游记》，总疑惑孙悟空为何不帮助唐僧腾云驾雾直达西天？现在才明白，师徒四人的每一次劫难，都是他们成仙成佛的修炼，也是他们的必经之路，如果没有了这些旅途中的磨难，就算去到了如来佛前，他们也不可能拿到真经。上天要我们经历的，会一个不落下地要我们自己去经历，我们没有捷径可选。而其中最重要的是我们如何面对并接受这份挑战，在痛苦中活出属于自我的生命力，我称之为一次次的自我重整。

当一个人经历磨难，从抗争上天的不公，经过自我重整转向创造新的生命力时，教练的角色便可以从陪伴者向激发者转变。教练会感受到想象中让人兴奋的"教练效果"。此时的客户在痛苦经历中获得了内在的觉悟，拥有了创造未来的力量与勇气，他们期待的是教练给予足够的空间，点亮未来的希望，鼓励他相信自我、相信自我系统的平衡与进化，陪伴他们勇敢地找到属于自己的生命力。

每一位客户都是英雄，正在经历着他们人生的"英雄之旅"。而教练，便是那位见证并承托他们跌宕起伏经历的人。教练过程是一次次陪伴英雄前行的旅程。

因此，作为教练，需要系统地看待事情，顺天意而为，不要急着为客户解决问题。让客户自己去经历他该经历的。

▲
▲
▲

▲

# 管理者也要有教练的智慧

这些年，我的教练聚焦于企业管理者的领导力发展，包括自我领导力和团队领导力。常有人问我，为什么管理者要学习教练技术？我的回答很简单：如果你认为自己的能力与责任超越了你的团队，因而团队需要你才能成功，那你一定很辛苦，而你的团队也会越来越懦弱与被动，这样的你不需要教练技能。大部分的管理者是如此，却不承认自己如此，这是可悲的。

如果你想用自己的优秀影响你的团队，把培育团队的成长看得比获得业绩更重要，让每位成员都成为自动自发的猛将，这样的你需要有教练的思维与能力，因为你在创造未来。

常听管理者说，"我们没有时间，生活逼着我们这样"，我想，企业家本身就肩负着生存与发展的平衡。

多年来听了无数管理者的故事，他们都有"舍我其谁"的勇气，而教练的智慧与能力，恰恰是他们发展自我、发展团队的核心"软"能力。当我还是企业管理者的时候，我就深深意识到"做事先做人，做人先做人心"是很重要的。

与传统领导者相比，拥有教练智慧的领导者有以下特点。

一是思维格局从宽度、广度到深度都更加大、更加深。因为他们懂得透过具象看本质，可以从宏观看微观，不会纠缠于某个点。只有这样，他们才能引领团队有更大、更深的思考，他们所提出的问题中有广

171

阔的天空。

二是不会让自己的经验与专业认知禁锢团队的思维，他们懂得放下自我评判，保持中正与好奇，以开放的胸怀接纳所有的不同，从而激发团队自我负责、自我挑战的欲望。即便是教育，或者本身不知道的方向，也会引发团队与自己一起思考，做到一名职业教练所能做到的。

三是会让团队充满信心，不畏困难。因为教练型管理者懂得看到团队的内在力量，并给予承托。

一位高层次的管理者，一定是将帅之才，他必定拥有激发与培养团队的能力，这正是教练式领导者的智慧。

▲
▲
▲

▲

## 高管教练：
## 思维的高度决定了命运

　　今天一位高管客户在教练中做出了经典觉察："要竞争，就绝不与对手在同一个层次竞争、同一个层次思考问题，而要高几个层次去竞争、去思考问题。当别人还纠缠于一寸领地的得失时，我应该已经想到纵横天下，万物为我所用！"如此豪迈的气魄！确实，思维的高度决定了命运。

THE COACH'S WAY

▲
▲
▲

▲

第七辑··教练之路

Wandering Wolf 之 宴缓
1993.7.4.

## 我愿做一匹
## 经历风餐露宿的狼

　　这是一张有故事的钢笔画。是我当年准备成为独立教练的时候在淘宝上买的，是一个画家创业后的第一笔买卖，后来我们有了一番交心的详谈。在我决定离开大平台走自己的路的时候，这画特别有意义，我将它一直记在心里。我情愿做一匹经历风餐露宿的狼，不做一只养尊处优、看起来不错的马。创造自己的命运，初心不改！

# 教练，提升人生格局的金钥匙

从事教练和教练培训工作很多年了，客户和学生常常传来他们的人生因为教练有了很欣喜地转变的消息。每当这时候，我都会很感慨，教练这门学问真神奇，可以让人们从懵懂走向清明，感知到真正的生活、真实的自己，活得越来越轻盈、真实。只是因为看到了和被看到了，人生的视角和格局就完全不一样了。

我常常思考，有很多让我走进教练这门学问的理由。

1. 放下对自我的执着。

人的自我觉知是非常困难的，几乎每个人都觉得自己是走在对的、正义的路上，因此会不自觉地从自己的角度衡量、评判自己的环境，因此引发委屈、愤怒，也难以感受到他人的感受，感知不到自己在这个世界上真正的价值和角色。比如常常以爱的名义伤害身边的人、好为人师、过度控制、习惯性指责等，但内心又是不自在的，能感受到自己似乎不应该如此，却不知为何无法改变。

在教练理念里，我们认为每个人都是充满足够智慧的。我甚至认为人天生是有良知的，这两者结合在一起，可以说每个人都有自我发展、发展他人的天赋，不需要外力多余地用力去帮助，前提是他有自我觉知。

当我们在被教练或学习教练时，我们探索自己在面对千变万化的生活、工作时的内在世界，寻找真实的自己，校正自己的角色，探寻生命的意义，练习放下对他人和对自己的评判，我们的视野被打开。我们多了一份对自己、对世界的好奇。从只看到自以为的自己到看到真实的自己、看到他人、看到"我"与世界的关系，也看到更多远超越于我们以为的世界，心灵之窗被打开，阳光照进灵魂深处。

2. 让关系走进真正的联结。

学习教练时，当我们相信他人有自我发展的天赋时，我们放下自我执着，放下狭隘的评判，我们开始学会真正的聆听，倾听他人真实的内在声音。

我们便可以看到他人，此时很多客户或学员会发现，原来自己是如此的傲慢、如此的盲目，以致一直把自己的世界强加于他人而不自知。

各种内在挣扎皆源于此，这才是各种关系与联结的开始。这时候我们会真正地理解他人，感受到他人的内心世界，懂得了他人言行背后的深层渴望，也懂得了欣赏他人，"我"与他人的关系因为"懂得"而逐步走向敞开。

3. 唤醒天赋才华。

在教练中，我们总强调"激发潜能"。"潜能"是我们与生俱来的能力。它深藏在我们的身体里，也在我们的心智模式里。我们相信人是有自愈能力的，也天然地有识别、发展自己智慧的能力，就如孩子自然能学会走路和说话一样。当我们完全排除内心的各种干扰，我们不再找理由或借口不做或者退缩时，我们会全力以赴地专注于我们想要的目标，成为我们想成为的人。这时我们往往可以实现我们想象不到的梦想。

教练和学习教练的过程，就是让我们寻找并发挥出自己这份天赋。比如我们发现，有所成就的人都有非常专注于目标的能力，在他们心中几乎没有干扰的声音，他们的内在智慧在宁静的专注中得以无限发展，心流状态自然天成，这便是教练所追寻的境界。

4. 做"眼里有人"的管理者。

我的客户、学生中不乏各种组织的创办者和中高层管理者。我不会在我的课堂中刻意专注于某个领域的管理，但我却发现学习教练对他们最大的意义在于"眼里有人"了。

优秀的管理者心中都有一个英雄梦，专注事而非人，因此也往往发现团队跟不上、被动且能力不足，苦苦探寻激发团队动力的奥秘。

成为教练型的管理者，不在于用教练的技巧有多么熟练，而在于如何看团队中的人。让团队的人被看到，被精准地支持到，他们的天赋才会被激发。这时的管理者，才是真正的从"我"走向"我们"。

5. 助人达己。

很多人在学习教练后，是通过帮助他人而发展了自己。教练是一种修为，不是一种技术。当我们在教练他人的时候，我们是在用自己影响他人，这需要我们完全安住在当下，与客户同在，心无旁骛，在能量和精神上为客户创造安全空间，让他因为有我们而全然地在自己的世界里探索与发现。

在教练他人的过程中，我们学习理解他人，承托他人成长。当一个人有了这份承托他人的责任时，自我价值感便被唤醒，他的世界会变得更加有意义。

教练是一门学问，当一个人放下狭隘自我，怀着好奇，看到自己和这个世界更广阔的空间与可能时，就再也不会纠缠于每天的琐事中，而会仰望天际、阔步往前。这是我在我的客户和学生那里看到的，难道那时的他们不是在人生格局上有了一大提升了吗？

今天有人问我，什么是教练？我回答：深度聆听你内在的声音，看到你内在无限的能力，激发你产生向前动力的人。就像在赛场上，教练是让你充满激情和拼搏动力的人。我们坚信，当你看到了内在强大的自己，你将勇往直前、无所畏惧，此时你所关注的技能或困惑已经不再重要。

## 成为教练，
## 就是为了点燃哪怕是
## 一点的亮光

虽然烛光只有一点，却可以照亮黑暗。成为教练，就是为了点燃哪怕是一点的亮光，但就算是这样，也要付出巨大的努力。忽然对那些努力成为教练的人心生敬意。

# 活得明白

昨天有人问我，为什么人们要学习教练技术，我的回答是：本来是不用的，因为人天生就对世界敏感，内心也知道自己应该去哪儿，如何才能让自己过得更好。只是不知为何，随着人的社会性的增加，这种能力逐渐被自己的意识蒙蔽。人们常常违背自己的生命力，与自我本意相反地用力，结果活得糊里糊涂。教练的智慧可以让人找回自己的天赋，找回对自我生命力的感知。

糊里糊涂的现象有很多。

第一，最常见的是总想教育别人，总想说服别人，让他人听自己的，极少真正聆听他人的真实声音。在没有得到邀请时，努力说服别人或跟他人说道理，无异于要挟他人服从自己。"我高你低，但不可以换过来"，这是十分可笑却又很常见而不被自我觉知的观念。在课堂上我常问学员，"你给自己的聆听打多少分？"70% 以上的人会觉得自己有80 分以上，可一到想说服他人时，才发现自己连 10 分都做不到。失去聆听，我们看不到也感知不到世界，但我们还以为自己知道整个世界。

第二，道理大于感受，失去与自我的联结。我们接受了太多太多的道理，于是觉得那便是自己，常常完全感受不到自己内心真正的需要，感知不到身体在发出强烈的信号。要求他人时铿锵有力，自己却难以做到；对事物的看法停留在道理层面，感受不到真实的生命力。比如感觉凡是不好的，都是在说他人，与自己无关，还充满正义感，却不知

181

自己有过之而无不及。我称之为"自己都在骗自己"。又比如一个人缺乏爱他人的能力，却到处寻觅爱，因为他感知不到自己真实的爱在哪儿。这在教练智慧当中被界定为缺乏觉察自我的能力。

第三，全力以赴去追逐，却往相反方向跑。这是典型的丧失自我价值认知的表现。当被问到"什么是你最重要的"时候，他会告诉你一大堆物质目标。实际上是为了他人的目光、他人的标准去活，找不到自己此生的方向，甚至从来不知道真实的自己是怎样的。穷其一生的追逐未必是自己深层需要的，不可悲吗？

还有很多很多稀里糊涂的想法或观念，如果不让自己看，当然可以"掩耳盗铃"过一生，可是，来世界一趟，是否可以真实地活一回？起码比原来好一点点，也不错啊，至少我是这样想的。

教练的智慧，看似帮助人，实际上是帮助自己。

▲
▲
▲

▲

## 做自己

如果内心有狂野的欲望，就该打破常规去尝试，用自己的理解去实现心中的期待。对于一些大家都走的路，走过了就可以把它放下，学到了该学的就不要死死地拽着。那些所谓的"标准"说不定就是你创造力的桎梏。也不要以他人的成就来作为自己的方向，否则难以超越。凭着自己内心的呼唤，相信自己的直觉，勇敢地呈现自我，走出独特的自己，一切才会有意思。

当你觉得难以突破时，总有一股力量与一些人唤醒你继续前行。

有些人学得越多，越没了自己，那充其量是一个模仿的机器，没有了自己的灵魂，学来何用？

既然有纵横千里的野心，就该在沃野里狂奔，做自己。

# 不是每个人
# 都能见到那蓝光，
# 因为非常不易

（金金　摄）

据说洞潜爱好者为了触摸到那神秘而壮美的蓝光，会经受一次次难以想象的煎熬，甚至经历生命的危险。有些人因追寻蓝光的心让他们永不放弃，最终触摸到了那令人神往的天堂景色。而更多的人早早放弃了，然后告诉你，世界上没有蓝光。

教练之路也如此，不是每个人都能见到那蓝光，因为非常不易。

# 教练需要持续学习

教练的能力和修为状态，是有保质期的。如果长期不更新，没有经营，思维会变得陈旧，触觉迟钝而不自知。

客户的自我学习能力有时甚至超越时代，教练的认知和感知世界的能力不够，或停顿，对客户的教练将失去意义。而任何一个教练现有的教练能力都只是人类智慧海洋中的一滴水，就算是终其一生也只能取其一瓢。教练世界里有学不完的智慧，持续的学习意味着生命层次的不断提升。一名教练的内在境界越高，其视野会越开阔，其影响客户的深度与广度就越不一样。因此持续学习的能力作为教练的核心能力是有其深意的。

但作为教练，持续地学什么呢？我觉得是多方面的，甚至不同的教练成熟阶段有不同的学习内容。

1.初学阶段，学习技巧框架。教练刚刚学会基本的教练技巧，学了一些理论，似乎都明白，于是跃跃欲试。但知道和做到相差十万八千里，需要教练放下原来固有的内在模式，刻意练习每一个教练模型、每一个教练理念，在练习中琢磨理论在实践中的联系，用身体体验去印证教练的理论与技巧，以便熟练运用教练语言与基本模型。

2.模仿阶段，学习优秀，体验教练的成功感。这一阶段学习效果最好的是跟随优秀的职业教练进行实践，在模仿优秀的过程中体验有效教练的结果，但最忌讳模仿没有多少实践经验、只是纸上谈兵者。否则，会越模仿离真实教练越远，毕竟教练是与人心、系统打交道的，来不得半点想当然。

这一阶段还不能只是在课堂上学习，要在实践中学习，在实践中被督导。ICF 一直强调督导制度，非常有必要。

3. 整合与创作阶段。此阶段教练向自我学习，扩大教练学习的宽度与深度，完成从"教练学生"到"职业教练"身份的转变。这一阶段需要把过往所学的都放下，根据不同的任务创造出自我风格。这一阶段最重要的是在实践中向自我学习。

就像提摩西加尔韦著在《身心合一的奇迹力量》一书里提到的，充分发展自我天赋，放下模仿，更加相信自己可以做到，也放下"做个好教练"的期待，专注于每一次的教练实践，勇敢地去体验与客户联结、共舞的心流感受。

这一阶段教练内在的角色认定非常重要，要从心里就有"我是一名合格教练而不是教练学生"的身份认知。这样才能把所学变成自己的能力。我们内心往往有个声音："等我学得更好些，我才……我还在学习阶段。"最后成为"课虫"。这样的内在认知阻碍了我们勇敢地跳出舒适区成为一名真正的教练。

这一阶段还要加强教练基础的积淀。可以学习更多不同流派的教练，从中吸取精华，总结规律，扩展自己的教练视野。还可以学习心理学、组织行为学、哲学等相关的学科，或者学习引导技术等技巧性学问，这些都有助于教练创造，可以扩大教练修为的广度与深度。

4. 稳定合一阶段，学习系统的平衡与流动，与客户、与世界共舞，学习自我内在格局与心量的提升方法。

这一阶段的教练需要感受到每一次教练过程都是与整体联结的。教练学习如何感受到客户内在的系统、客户成长环境的系统。在教练实践中把自己与系统相结合，体验客户的感受，学习深度与客户同在的状态。这时没有技巧，只有生命力的流动，教练与客户之间彼此相惜。

此时教练修的是对人性的慈悲之心，修的是对每一个人的理解与爱人之心，修自我内在品格的高贵之心。"允许"是这个阶段需要学习的。

5.身心合一、天人合一阶段。这一阶段我只能猜测，就比如我到现在还体会不到"空"与"无"的境界一样。但我似乎感觉有些人达到了这重境界。也许，这一阶段要学习的是如何让自己的系统与天地融合，用爱联结每一个相遇的生命，期待自己有一天能悟到其中的奥妙。

每一个阶段都是下一个阶段的准备，成长为一名优秀的教练非一日之功，需要在实践中不断打磨自己，在打磨中升华自己的能力与境界。

可是，教练每一个阶段的修为应该从哪里学？我体会到的是可以从以下方面入手。

1.最重要的是在实践、体验中学习。只有经过实践，长期面对真实的客户，不断反思与积累，教练也接受被教练，才有可能有亲身体验，从而明白什么是教练。

2.向优秀者学习。若有人做到了，就向他学习，无论年龄、资历和辈分，接受他的督导。向优秀者学习，提升的速度就像坐上高铁般迅速，因为优秀者已经用自己经历摸爬滚打出一条路了。

3.向自己学习，这是最重要的。相信自己在学习上无所不能，内在潜能无限，从自己成功或挫败的实践中学习。

4.积淀阅历，增加人生经历。这些经历也许是痛苦，也许是喜悦，都可以成为自我人生阅历，都为教练品质增加厚度。

5.从广博的知识海洋中学习。所有的人类知识到了顶端都是相通的，但当放下"碎片化"学习的企图心，系统地学习，才可能知道智慧的真谛。

6. 从大自然中学习。大自然的日落日出、花开花落、春夏秋冬，道尽了多少宇宙变化与轮回的奇迹。这里面，有读不完的大智慧。

成为教练的过程，就是成为一个清明的人的过程。教练的持续学习，是一个充满生命力的发展过程，也是一名教练必须要有的核心能力。如果自己是一名教练，问问自己，"我在这条路上学习了什么？我在路上走多远了？"

## 教练工作是一场马拉松

一位职业教练训练小组的教练结业时说："从事教练工作，一开始以为是一百米赛跑，进入之后发现那是一场人生的马拉松。"说的真好！于我，这马拉松让我知道自己一直往前，并看到了路上不同的风景；也知道，那不是速成的，枝繁需要根深。

我出生在这间房子里。这里，记录着我的生命最初的讯息。

▼
▼
▼
▼

# 教练需要持续反思

新的一年到来了，微信群里鼓乐喧天。在一片期盼新年的喧闹中，也有些人在回顾与反思刚刚过去的一年。也许是老了，这些反思反而让很少细读微信的我驻足，我也问自己，刚刚过去的一年，对我的人生而言，意味着什么？我发现原以为平淡无奇的一年却是我人生中的重大转折点。这一年我似乎是又赤脚翻越了一座大大的火焰山。

ICF 教练核心能力中有教练"持续反思"的能力要求，其实任何能力的发展也都与"反思"相关。"二十年的工作经历不等于二十年的工作经验"，教练能力的发展更是如此。教练的反思之所以是教练能力的重要指标，我想主要源于以下几点：

1.教练实践的体验在反思中得到提炼与升华。

作为一名教练，大部分的能力是从实践中来的，并非从书本或课堂中来。我们的客户千人千面，每一次教练都是一次艺术的创造，与客户共舞的同时积淀自我对人性的理解、对教练承托力的体验与记忆。教练过程不管是行云流水还是举步维艰，都为教练的阅历增加了丰富的体验，而这种体验只有在教练的反思中得以在身体记忆中保持，从无意识的感受变为有意识的学习，成为"经验"的宝藏。很多做了多年教练的人面对每次教练依然技术生疏，越做越乱，也许除了缺乏有经验的督导外，更多的是缺乏自我反思的能力。

2. 反思是教练内在自我觉察与修正的过程。

能自我觉知对每个人来说，都是很困难的，教练更是。因为教练在教练过程中需要放下自己，全身心投入到客户的世界里，往往也就无法感知自己潜意识中阻碍教练关系的习性。但客户当下的每一个反应我们是可以感受到的，是很好的一面镜子。教练的反思能很好地让教练有自我觉察和修正的机会，这对于提升教练的自我修为非常重要。

3. 反思是教练向自我学习的最佳途径。

再多的课堂学习都不如在实践中学习。在课堂上是学习前人总结的经验，要把理论学习转变为自己的能力，必须经过自己实践的印证，

知道去哪儿的人很多，知道如何去的却很少，去到的更少，因为艰辛。

让自己从知道到做到。这一过程正是教练离开老师自己走路的过程。教练在每一个教练阶段的反思，都是从自己的体验中总结，是知识转化的过程，也正是向自我学习的过程，我认为这才是教练学习真正的开始。

教练的反思并非只是意识层面强迫自己"自我检讨"，而且是多维度体验与认识自我的过程，我觉得可以是多方面的。

1. 先放下分析，从感受开始。

开启自我直觉力的大门，感受教练过程，如触摸到脉搏一样感受教练过程的心流，里面就有很多的信息，让我们更加全面、真实地觉察到自我、客户的能量变化，感受到整个教练过程是脱轨了还是进入了共舞状态。这适用于每次教练过程和每个教练阶段的反思。

2. 捕捉信息，让每一次的教练体验都成为自我学习的资源。

作为教练的实践者，教练过程体验都非常丰富。任何一种体验，都是我们觉察自己的信息，在这个过程中体验越强烈，信号越强，其中有卡住状态下的挫败感、心流状态下的愉悦感，还有无所适从的迷茫感，都是告诉我们教练修炼的方向。在反思中接纳自己的每一种体验，感恩自己的觉察与发现。

3. 客户的反应是最好的镜子。

我在做培训时常对自己说："学生永远不会错，错的是老师。"教练时也是一样。客户的感受是最真实的，客户的所有反应都是我们教练自我觉察的最好资源。他们当下的体验像一面洁净的镜子，照出教练的内心与修为。

4. 寻找心流状态，放下自我否定。

反思时最容易看到自己的不足，然后否定自己。我一向认为"失败是成功之母"的前提是我们反思时没有因失败而感到自我挫败，但要做到这样很难。"做到"才是我们自信的来源。在反思中我们更多地感受我们做到的，那会给我们力量，减少自我否定的干扰。哪怕只有一点点值得我们感受到力量的，都是反思过程的砖石。每一次反思中感受到自己的"做到"，都会为教练的能力带来正向的影响。

5. 反思，不仅仅停留在技术与行为层面，更重要的是在反思中内在的力量得到提升。

过去我们的反思也许只停留在"我做到了什么，没做到什么"，其实反思的最终价值在于教练自我内在的成长，包括这一阶段我们的教练表现如何体现了我们的内在信念、价值观、教练身份和使命。这些内在认知直接地呈现在我们给客户教练过程的每一个能力、行为和结果当中。也就是说，我们的教练行为表现是我们内在世界的呈现。反思可以透过我们的教练行为窥视我们的内在。

一名教练的发展，离不开反思，那是我们从知道到做到的必经之路。否则，即便教练经历很多，我们也不过是困在铁轮子里拼命奔跑的小仓鼠。

▲
▲
▲

▲

▼
▼
▼
▼

# 教练实践是必经之路

教练技术不仅是知识，更是一种智慧。如果把它当作知识去学，很难成为一名真正的教练，需要用心去悟，用时间去修。因此，教练实践就成了修成一名专业教练的必经之路。可是这是一个漫长且艰难重重的过程，于是很多教练想走捷径。其实，大可不必做这种自欺欺人的事。因为教练在实践路上所走过的路，基本都写在我们面对客户当下的一举手一投足当中，而且，成为教练的乐趣正是这种在客户实践的摸爬滚打之中感受到的人性的魅力。

教练最好的教科书在实践当中，遇上千千万万个不同的生命案例，于千变万化中琢磨其规律，汇聚成自己对世界的认知和智慧。所做的实践越多，所得出的智慧越丰富。

当然，十年的经历不等于十年的经验，悟道有先后。比起我的很多学生，我就觉得自己是后知后觉的，悟得比他们慢，但在漫长的实践经历当中也慢慢体会到了唯有实践才是修为的根源。读万卷书不如走万里路。

早期，为了考 ICF 的各种 CC（职业认证教练），我曾很功利。从 2009 年准备考 ACC（助理级认证教练）开始，一直到现在，我每一个月都记录当月的教练时数，一个小时一个小时地做记录。也做过前辈们做过的事，记录每个个案的来龙去脉，还有自己的心得与思考。只是后来客户多了，就懒了，个案记录少了，只记录时数。记录上瘾了，就像集邮一样，看到时数表的数量一点点增加，会有满足感。现在回头看，那是自己教练路上的一个个脚印，是自己对自己的承诺与鼓励。

积累时数最多的是我考 PCC 的那两三年，几乎是每天三四个小时，那时白天在企业里，利用职位之便，每天教练来自不同部门和分部的下属，还有自己的朋友、学生。办公室成了我的教练室，每次培训都硬是被我改成了团队教练。每个晚上匆匆回家，在书房一坐就是两三个小时，没有周末和节假日。其中有些个案做得很不如意，幸好客户很包容，当然也帮助了很多人。这段经历让我从自以为是的教练模样变得真实而有力量。如果没有这段经历，也许充其量我只是个学习教练知识的人，很多东西停留在想象层面。

2014 年，我开始从事职业教练工作，大量的商业客户让我得到历练。这时我就像突然被抛到波涛汹涌的大海，从一个温室走向惊涛骇浪的世界。但这是我真正走向职业化教练的开始。这几年在商业教练中的历练让我的翅膀硬朗了很多，在真实的战场中磨炼出了真正的教练感。

我常感叹，狙击手是子弹喂出来的，专业教练是客户"喂"出来的。在教练路上，唯一的捷径是实践。告诫自己，放下虚荣，脚踏实地，胸怀天下。

# "学"与"习"

跟同事谈起教练技术与其他辅导方式的关系，很有启发。

一个人的成长有"学"与"习"的过程，"学"而后知，"习"而后得。"学"需要有教的过程，而"习"则更多要用类似教练技术的方法由内至外地发挥上天赋予人本身的智慧，把学到的"知道"转化成为"做到"，这个过程更需要的是内在智慧而非他人的教导。

经历是最好的老师，而教练就是把经历过程中人的内在智慧发挥到极致的最好学问。

▼
▼
▼
▼

# 关于"道理我都懂，就是做不到"

现在要获得一些知识太容易了，网上充斥着应有尽有的各种知识，而且是碎片化的。于是很多的知识被认为是能力。但我常常发现，这样的知识很难"变现"，听得最多的是"道理我都懂，但我做不到"。

其实当我们说出这句话的时候，又一次为自己的不作为找到了极好的理由，"不是我不想做，是我做不到，所以不是我的责任！"当然，知道是最容易的事，说也是很容易的，即使理解也不是一件难事，做到才是最难的事。从知道到做到有一条大大的鸿沟，就是实践与试错。当我们没有真正理解知识的内涵，特别是现在很多人强调知识的碎片化学习，一知半解便以为自己"懂"时，就不可能付诸实践。因为如果真懂了，实践起来是有"印证"所学的乐趣的，是不会不行动的。因此说"道理都懂"，但不去做，其实还是没真正懂得其中道理。

当然，"道理都懂，就是做不到"的另一重含义是不想做到，因为内心追逐更重要的东西。比如我知道要坚持节食，但做不到坚持，因为美食对我而言比健康更有吸引力。是我主动放弃坚持，但我却把责任推给"天意"。

因此，当我的教练客户说"道理我都懂，就是做不到"时，我会探寻他更深层次的内在需求，看看是什么推动他"不去做"，而不是认为他真的"做不到"。

这话题也让我想起了教练的学习。很多人在课堂上学习了教练知识，从不同的老师那儿学习了许多的教练技巧、理念，说起来一大堆，甚至已经开始教其他人，但做起教练来却困难重重。当我们有此感觉，也是陷入了"道理我都懂，就是做不到"的困境。这也许是我们还没真懂，或者头脑懂了，身体没懂。

如果我们学了一大堆知识，只用头脑记忆去学习，那充其量是记下了一些似懂非懂的信息。这些信息可以用来炫耀，也可以用来评价他人，但很难真正起作用。

我一直认为无论是科学理论还是人文、艺术学科理论，都是源于生活、用于生活的。如果知识、技能与生活本身脱轨，高高在上，不能让我们的生活更好，那一定是我们自己"没懂"，所以不要轻易说"道理我都懂"。当我们觉得"做不到"时，需要问自己几个问题：

1. 我真懂了吗？

2. 我真想"做到"吗？为了什么更重要的东西我选择了"做不到"？

3. 什么体验可以让我触摸到"做到"的感觉？

做到，比知道、比会说重要很多很多，勇敢地尝试把自己已经学到的知识用在自己生活中，才能真正体验我们早以为"懂"的东西的意义。也只有在生活中应用，我们才能知道自己是否真"懂"，才知道其价值。

不是因为自信才去做，而是因为做了才会自信。

# 关于职场中年危机的思考

职场中年危机成了最近朋友圈里的热门话题。这个话题的教练个案也莫名其妙地多了起来。

我常觉得，当你想去一个地方，任何时候开始，都是最好的时机。担心、焦虑毫无意义，从不安全感中回到自己的人生状态中来，专注新的旅程，会有不一样的体会。

我常与这些客户探讨一些问题。

1. 是什么让你觉得这是危机？

外在世界早已变化，我们感知不到，或者感知到了，但在能力、资源、环境上没有了选择，感觉一切无法控制。固守着我们曾经拥有的辉煌，以为这一切可以用之不尽，当面对变化，我们很容易把关注点放在抗争而非自我调整与发展上。在变化中的世界里，你看到了一个怎样的自己？

2. 是什么让我们陷入危机？

如果我们觉得自己陷入了"中年危机"，那也是因为过去的自己造成的。格局与胸怀太窄，只知道眼前的利益，在能力、眼光上没有预知未来的准备，没有把职业的一切放到变化中看，或者过分依赖一个企业、一个行业，丢掉了自己，从而一步步把自己困在"蚕茧"里。我们都知道温水煮青蛙的道理，很多人却以为这应该是别人的故事。

现在的你，为十年后的自己做了什么准备？你在舒适区里还是不断走进学习区？

3.如果任何时候开始都是最佳时机，危机里的机遇是什么？

任何事情都有两面性。危机里会有无数的机会，也许是放下的机会，也许是新的开始的机会，也许是重新构建未来的机会，什么是你应该抓住的？有一次我乘出租车，司机是一位 70 多岁的老人。他很感慨地说："过去的几十年里，我总是觉得人生的机会都已经过去，其实每一个时代都充满机会，只有过去了自己才知道，一年又一年地错过了很多极好的机会。"当我们觉得是在危机中时，说不定正是时机来临之时。

4.面对危机，你如何做到自我负责？

是望洋兴叹做个受害者，还是自我负责做个创造者，这是我们自己的选择。我们潜意识里很容易选择充当受害者，因为这样我们可以不用面对"不够好"的自己，还可以理直气壮，不用自我负责。在任何条件和境遇下，自怨自艾或者充当受害者角色，除了博得同情，没有任何好处，只有有勇气成为创造者，才有可能专注于未来，激发出强大的内在潜能。

5.傲慢是扼杀自由的凶手，你心中有多少傲慢？

很多人面对人生的转折点，感受到了压力，往往以傲慢的姿态出现在众人面前，期待自己或他人看不到他内心的恐惧。面对危机，以傲慢对抗变化，那就像把自己的头埋在沙里的鸵鸟。傲慢是自我欺骗的自尊。放下傲慢，我们才能迎接变化；放下固执，愿意改变，内心才有了自由。你的傲慢是如何限制了你？

6.你在多大程度上专注于未来的希望？

内心的干扰让我们在危机面前裹足不前。干扰来自对未来的恐惧、对他人眼光的在乎、对过去失败的沮丧，还有对自我价值的否定。只有专注于当下，专注于未来想要的自己，并且全力以赴创造未来，干扰才会降到最低，力量才会被唤醒。

7.在危机前，你新的最佳角色应该是什么？

当感受到了危机，就是上天在告诉我们，我们新的角色开始产生。如果自己心中一直都只是带着旧有的角色，角色转不过弯来，固守曾经的辉煌，就无法看到新的希望，等待我们的将是对自我固执的惩罚。

面对变化，多问问自己，我要去哪里？

## 内心的恐惧

很多时候，是我们内心的恐惧禁锢了我们的世界，这种恐惧会以各种形式出现。当我们"豁出去"了，一切可能都会打开。若限制了自己，再好的天赋，都会黯然失色。

▼
▼
▼
▼

# 职业路上的归属感

从深圳回家，大雨滂沱，一路上我脑海里总想着一位教练临别时的那句话："在职业这条路上，孤独感是很强烈的，我渴望有一种归属感。"我说："那是心的归属感。"这对话让我想到了每个人内心归属感的问题。

归属感是一份人与人之间的联结需求，是安全感、价值感和爱与被爱的综合体。人有了归属感，心就有了根，不再漂泊，不管路上风吹雨打，内心都有一份笃定。关于归属感，我有以下几个方面的思考。

1. 是什么系统让我的内心产生信任，而我们在当中可以感受到被接纳、被允许、被看到，也被需要？

让自己有归属感的系统，一定是自己信任的。信任来自对系统生命力的相信，来自系统对我的接纳和包容，被系统所看到，还有来自自我被系统所需要的感受。这一切都与系统中的人有关。

作为独立教练，发心都是服务于他人的，只是当看不到周围的同行者时，便产生孤独感，总期待有一群志同道合者同道同行，一起奋斗，无问西东。这样的一群人抱团取暖，可以一起为世人创造价值。在这样的系统里，有共同的方向，有相互的支持，也有相互的鞭策，这都与人和人之间的联结有关。如果这样的系统得到信任，很多独立教练将有心的归属。

2.什么才是我们的系统?

我们的世界里，有无数的系统，朋友圈、亲人、宗族、公司、行业圈、民族，还有同一片天空下的人们，我们心中把自己的归属感寄托于什么系统? 心中的系统越大，内在的归属感越稳定。

我在刚刚离开我工作了二十多年的企业成为独立教练时，内心有万分的不舍，觉得自己突然失去了归属，像游魂野鬼，失落与孤独随之而来。当我发现自己正在为更大的系统服务，而我所在的系统从一个企业变成一个行业的时候，心就有了归属。我感受到了系统对我的需要，也感受到我和一群志同道合者同在路上，不再纠结于某个小群体了。

也许，当年为了民族的兴盛而放弃个人利益的大家们，也是把自己放在了超越小我的民族系统当中，才有了执着的使命感吧。

由此我想到，有信仰的人，其内心也是有归属感的，因为心中有超越自我的系统，也有走进自己内在系统，与大自然、与天地系统相融的，我觉得那是很高层级的归属感，我向往着。

除了这两个问题，我还会想:

1.在此系统中，我在为什么人服务? 当我为系统服务时，我的心在哪里?

2.在系统中，我是否独立? 是否有自我?

3.在系统中，我是否有存在感?

4.我在寻觅可以让我有归属感的系统，还是我们可以创造这样的系统?

# 自我角色的定位

在众多的教练个案里，很多人会看到自己很努力，但还是在苦苦挣扎。作为教练，在这种时候，我往往会看到一个自我角色定位与行为、能力并不匹配的内在。

如果一位领导者想成就一番事业，当一名好"将军"，不断地努力工作、学习，也致力变革创新，可内心只是装着眼前的琐事，无心于团队与韬略，还称之为"实在"，其实是用只管事不管人的风格定义领导力。此时不管他在做什么，他一直对自我的角色定位都只是"士兵"，当他所做的与内心的角色定位不匹配，一切行为结果将服从于内心的角色定位，但他又心有不甘，那么有痛苦是必然的。

古人说一个人"穿上龙袍也不像皇帝"，因为这个人从来就没有认为自己是个"皇帝"。对于企业也是一样的道理，企业要变革、创新，做了大量翻天覆地的改革，有时却越改越混乱，很多是行为、能力改变了，核心价值观与内在信念却没改变。企业内在定位没改变，用新瓶装旧酒，改革必然不成功。

我曾经与一位企业家探讨，为什么他们这样一家赫赫有名的制造型企业，想转型进入高科技产业如此困难。我当时就觉得，对于这位企业家的企业来说，资金、技术、人才都不是最主要的问题，其中有一个坎是他们一定要过的，就是他们的自我角色认知。他们正在用做制造业时的角色做高科技产业。身份认知不一样，价值观、信念就不一样，从

## 安全感

　　安全感是人最底层的需要，没有安全感，便会控制别人，或被别人控制，身心会僵硬，甚至以爱的名义在情感上勒索他人。

　　做一个自己都喜欢的自己，内在积淀高贵，外在散发芬芳，与大自然融为一体，安全的感觉便油然而生。

而做法都不一样，结果当然就不一样了。

　　在NLP逻辑层次里，身份影响价值观、信念，影响能力与行为，导致最终的结果。如果行为、能力与内在身份定位不匹配，那是要付出巨大代价的。上层次影响下层次，下层次支撑上层次，上下层次需要统一协调。

# 关于学问的扎实性

因为辅导的教练学员多了，我最近常在思考教练成长的历程，教练的学习好比做学问，也有它的"道"。

学问必须有"根"，扎实的基础是发展的前提。优秀的学问一定是经过时间的洗礼沉淀下来的，要想卓越，必须有对前人智慧的深入探索与学习。一定不是没有根基、自以为是的"拍脑袋"臆造。没有扎实的基本功就放下学习，急功近利，即便有所收获，也一定会成为"快消品"。

好的学问要有完整的系统性。学习一门技能，要对学问的系统性与整体性有较深入的理解，刚开始也许是零星的理解与学习，到后来应该是胸中有整体的图画，懂得其中的关联性，也就是触摸到学问的"道"。

学问要与实践相结合，以应用作为学问修炼的印证与目的，否则会变成纸上谈兵，或者华而不实，或装腔作势。好的学问一定能在生活中找到源头，源于生活，用于生活。最高层次的修行在凡间。自己是学问最好的载体，修为的层次在于自己活出来的层次。不必强求自己是圣人，但至少应尽心应用和体验所学。

有了扎实的基本功，不拘泥于一招一式的模仿，根据应用的环境，发挥自我独特性，就可以创造出最具实际意义的学问模式。此时是通过学问把真实的自己活出来，影响同频者。

想当初，我学习教练只是为了此生有一门学问可以钻研，现在感觉学习教练也和修炼艺术修为一样，万物相通。

▲
▲
▲

▲

▼
▼
▼
▼

# 对学问的专注

今晚与哥哥谈他的专业——医学，这是一门让我肃然起敬的学科。我们都感觉，真正的医学大家，对于人的研究极其专注，如此博大与系统化，让我想到学习教练技术也应如此。

我的祖辈是从医的，曾传下一箱箱的病理个案记录。小时候不懂，只是对那一页页工整的蝇头小楷和上面画的图产生好奇，其实那是一个个的患者个案实录。现在看来，那是祖辈大量从医实践的印迹，是前人对每一个病例的精细分析与记载。那份对人的尊重，对专业的严谨，让我惊叹。

我一直希望自己能走进一个领域深耕，我想这需要完全地专注，与学问联结，触摸到这门学问的生命力，在无数的实践中提炼自我的专业修为，在自己的世界里对这门学问形成系统的认知，如此才能真正走进这一专业。教练艺术虽然没有很完整的理论体系传承，特别在中国，更无法与医学相提并论，但与医学有一样是相通的，实践的对象都是人。我希望自己能触摸到教练这门学问的精髓，为别人多做一点点事，不做"江湖郎中"。虽然无缘治病救人，但起码能让有些人因我而更加有价值，人生更加有意义。

## 学了教练，要放下教练

在不断的教练实践中，我发现我更偏重于教练理论的"道"，而非"术"。对于教练这门学问，深感自己需要走进去，再走出来。也可以说是学了教练，要放下教练，回归到生活中。这就与先把书读厚、再把书读薄一样的道理。如果没有对学问的深度钻研，就是胡来。但如果执着于学问本身，被学问所禁锢，就失去了自己作为人的灵气与智慧。想放下，需要完全相信自己的勇气。其实很多与人相关的学问，都如此。

# 让学问生活化

最近发现很多人学习教练后，说话也"教练化"了，动不动就"我很好奇""还有呢"，与人交流时不断审视他人，似乎比他人更高，把原来自然、流动、真实的自己丢掉了。这是把教练技术学歪了。

我一直觉得，知识源于生活，高于生活，最终回到生活。如果知识不能应用于生活，那么知识毫无价值。教练技术，是关于人性的学问，也是人与人之间带着善和爱的沟通的学问。教练通过相信并看到他人的内在智慧，引发他人活出真实的自己，使他人发挥最大潜能，是基于人的本性、帮助人们成长的学问。

另外，教练技术的基本理念是回归人的本性，包括相信人本自具足、聚焦目标而非问题、创造觉察而非给予建议等，这些都是生活中积极有效的心智模式。教练技术源于生活，是前人根据人们在生活中的内在本性与行为规律总结出来的知识与技能，因此教练技术本身并不"玄"。有些优秀的人天生就是教练，比如对人的敏感度高、内心中正没有评判、总能让人对自己有无限的信心等，这些都是生活中的教练。当我们把教练技术的各种理论与自己生活的方方面面结合起来时，我们会发现其实教练技术就是从我们的日常生活中总结出来的智慧。因此，离开了真实生活的教练技术是学歪了的教练技术。

教练的学问来源于生活，又高于生活，因为这是一种人性规律的总结，从人的各种本性中提炼出了中正、好奇、联结、承托、觉察等激发人的潜能的关键能力与智慧。仅仅一个"中正不评判"已经是很难的了，更何况教练还要有联结与承托。

我觉得教练技术是包容性很强的学问，可以融合教育学、心理学、管理学、哲学、艺术、语言学、脑神经科学等相关学科的智慧。因此教练技术是高于生活的智慧总结。

但教练技术最终还是回到生活中才能焕发出生命力。我所说的"回到生活中"是指教练本身要活出生活中的教练状态。这也是为什么我一直认为教练技术，是修炼自我心性的艺术，而不仅仅是帮助他人的工具，更不是用来修理他人的技术。当一个人逐渐具有教练的心智模式时，他会体验到自己看待自己、他人和世界的格局更加高而广阔。他将不固守于自我的世界，也会对他人多了很多包容与理解，在日常沟通中更容易发现人性的闪光点。因此我常认为，一名优秀的教练应该是很懂得生活的人，在各种系统中更容易达到和谐与平衡的人。如果一名教练让人觉得高高在上，或者给人傲慢之感，那他一定不是真正理解教练这门学问真谛的人，他只是把教练技术当作工具而已。

不要把知识学死，用所学的学问把自己的世界变得更加真实、鲜活，才是学习的目的。运用知识，而非被知识所禁锢才是学习的根本价值。

▼
▼
▼
▼

# 以战养兵

今天的客户谈到他们培养领导者的策略是"以战养兵"。在环境变化节奏如此剧烈的时代，这是多么好的观念啊。"以战养兵"也包含了多种教练技术的理念。

"以战养兵"，就是在战场上而不是在思考中发展人。其中有一个前提理念：人才本身的能力与智慧已经具足，环境变化的压力只是打开一个领导者本身已经具有的智慧的途径而已。一个人的潜能往往是在他经历一些重大的变化、承担超出能力的任务或者走进一个未知领域时被激发出来的。当人们面对这些不确定的因素时，不再依赖外界，而是迫使自己发展出属于自己的能力，自我学习的动力与勇气超强发挥。这也是我们成长最快速的时候，也是最困难、改变剧烈的时候。困难与变化是打开我们本来就有的潜能的大门的动力源。

从人的成长规律来看，领导者的成长首先是向自己学习，凭着自己的内在智慧找到前进的大路。当他相信自我，并且看清楚自己想要的是什么的时候，一切能力与资源会随之而来。很多时候，人们会依赖于外在资源的支持，把做好一件事情的希望寄托于环境的配合、资源的支持，或者期待有人给答案，直接应用便可以成功，这时人们是不会向内看的。当他面临着实践中的种种挑战，没有外力帮助时，他才会打开自己内在的智慧之门，从自己身上学习，自我发展的旅程便开启了。

"以战养兵"还有一个隐含的理念是，即使我们还没有学会，也需要去实践。如果等"学会了再做",说不定所学与所用不吻合,或者学会了,但时不再来。最好的老师是实践中的挑战,更何况何时才算"学会"也没有一定之规。以前的观念是"学以致用",现在应该是"用以致学"。

这是一个身份自我定义的理念,当你觉得"我本来就有这能力,只等挑战与任务为我开启智慧之门",你便不会退缩。

相信自己,你已具有足够的能力面对所有的困难与挑战,在实战中你会逐渐打开这智慧之门。不要永远停留在"学生"的角色。试想,卓越的人做到某些事情以前并没有人"教",但他们做到了,那是哪里来的智慧?

教练正是这样一门让人加速向自己的内在学习的绝佳学问。

# 教练在企业中的价值

今天和一群教练探讨教练在企业中的价值。在众多的企业教练项目落地过程中，大家都遇上了很多困惑，特别是如何体验教练效果的问题。不管是团队教练还是一对一教练，都被达不到"立竿见影"的效果而拦住了，甚至怀疑教练技术在企业运用中的价值，或者认为教练只是一个长期的、慢性的辅助性工具，没有多少企业有此耐心。很多教练也就得出教练是很难满足企业真正需要的价值的结论。我觉得是一些视角和方法上的误区导致了这样的结果。

1. 团队教练、一对一教练在企业中的角色。

教练技术不是万能的，是有它自身的适用范围的。企业引进教练技术，教练的职责应该是帮助企业团队或领导者关注目标，探索自身实现目标过程中的内在动力和资源，发挥团队或领导者内在最大的潜力，通过达成目标、挖掘自我潜能的过程实现团队与个人自我成长。教练技术在其中的角色是宝库的门童，帮助客户相信并看到自己的宝藏，打开客户通往自我实现的大门。

教练通过帮助团队或者领导者在探索实现目标的过程中打破思维局限、增强内在动力、超越痛点本身看到更多、更大的可能性。教练通过企业实现企业目标，而不是企业通过教练实现企业目标。从价值而言，客户的自我成长高于目标实现，目标实现高于问题解决。

所以，当企业的期待是实现具象化的目标，或者解决某个问题本身，而不是团队通过达成目标得到内在动力和成长的时候，教练项目便可能因不得不追逐环境、行为、能力等外在因素的满足而苦苦挣扎，从而难以实现价值。教练应该与客户一起探索他们实现目标过程中的信念、价值观、角色和系统，是关注团队、人本身，而非事（目标）。教练能干什么，不能干什么，企业和教练都该搞清楚。如果教练自己不清楚教练在企业项目中的适用范围，教练便会产生角色错乱，是很难促成价值实现的。

2. 企业的需求如何才可以与教练技术匹配？

这关系到如何管理客户的期望值的问题。我一直认为客户的需求永远是对的，但如果客户不清楚自己的需求与教练技术的匹配，就一定会走向解决问题或实现具体目标的期待，这无可厚非，也理所当然。目前大部分企业对教练的期待都与对顾问或培训的期待一样，也就是教练需要帮我解决问题，或给我点子、方法。因此，让企业管理者知道教练的价值在哪里、优势在哪里非常重要。教练要相信，即使企业的初始需求是解决问题，当意识到教练的核心价值时，也会调整或提升自己对需求的认知。但这是教练的任务，不是企业自己的任务。教练做到了，企业才会与教练匹配，才会走进自我负责的角色当中，教练才能有用武之地。否则，从项目一开始，教练便会寸步难行。

3. 如何让客户体验到自己在实现目标过程中的成长？

有些教练企图用数据找到教练效果的证据，也许有些教练手法可以达到，但我觉得这是相当危险的。比如业绩的达成，影响的因素何止二三？一旦是政策、环境、历史背景等问题造成业绩数据无法如愿，教练便会背锅。而企图用数据或者看得到、摸得着的实际结果衡量用力点在人的内在成长的教练时，就如用数据表达幸福感或人的成熟度一样可笑。

因此，教练必须是一个持续体验的过程，教练有义务让客户在每一个教练阶段体验到自我的发展，哪怕是在努力达成目标过程中自我内在和外在结果有较大的起伏，都是客户自我探索最好的资源，也就是自我实现的资源。不要企图通过一次团队教练、一对一教练，一时的"aha moment"就达成教练效果。在我众多的企业教练项目中，不管是一对一领导力教练还是团队教练，每次教练都由他们自己订立行动目标，并且真正行动了，我一定会坚持让客户做行动反思反馈，那时他们便能触摸到他们自我发展的体验，只要做到这一点，教练效果和客户评价都不会差。但如果客户没有行动，或者他们不愿意在行动中直接进行探索，我基本会放弃这样的客户，因为我一直认为只有在行动中才能体验到教练的效果。培养客户自我负责的能力是教练在企业中实现效果很关键的因素，也可以说这是教练客户管理的重要能力。

4. 教练自己是否达到了企业期待？

十多年的教练路上，我也经历过很多羞于启齿的失败经历，那是我的能力"够不着"我的梦想。多年前的一位前辈跟我说的一句话让我牢记在心，"正是因为还没能做到，才是去做的理由"。很多教练在尝试过几次教练项目遭遇挫败后就放弃了教练职业，甚至认为教练无用。放弃是最容易的选择，但没有做到之前就放弃，甚至否定自己之前为之努力的学问，会对自己有深深的怀疑，这对今后的人生也是有杀伤力的。任何行业，都一定是在摸爬滚打、倍受折磨之后才能练就行云流水的能力的。我们在教练路上的人更是一边害怕一边努力前行，这是一生的修炼。如果我们在还没触摸到教练的魅力前，就放弃或怀疑，我们一定看不到我们想看到的。课堂是温室，考一个 CC 的头衔也只是自己努力的见证，不是能力本身。市场是战场，是最好的考官，在市场中历练，就必定会有挫败，最可怕的是失败时不去总结与反思，而是把精力放在指责与怀疑上。

　　教练技术在中国没有成熟到像很多人宣传的那样高大上，需要众多的教练们一步一个脚印共同努力，走出一条适合于中国的教练之路。教练技术在企业中的价值体现需要教练本身成熟度的支撑，现在很多时候我们还做不到。当我们定位好教练在企业中的角色、调整好教练与企业在核心价值的期望点、增强教练的历练时，我相信教练技术在企业中的价值会凸显的。

▲
▲
▲

▲

# 我对教练职业的思考

今天有客户问我，如何看待作为职业教练的自己，我沉思了好一阵子。

我常告诫自己，成为一名职业教练，就是把教练这门学问作为自己的职业依托，即使不是赖以为生，也是以此养家糊口，因而值得感恩。要以敬畏之心尊重这门学问，以匠人之功钻研这门学问，并把学问应用在生活中，让世人有所利用，得到价值。

每一门学问都浩如烟海，一个人就算耗其一生，也只能取其一瓢，所以不能妄自菲薄，更不夜郎自大。学问大于人，不问高低先后，达者为师。

作为职业教练，应尊重自己，尊重自己的职业，尊重学问，尊重每一个生命，尽己所能。平等对待每一个尊重自己和需要自己的人和组织，不分贵贱高低。

不妄言夸大，也不献媚讨好，坦诚相待，做自己能做的、可做的。庆祝自己的精进，允许自己的无知，接纳他人的不理解、不同频，自我负责，选择自己的喜乐世界。

放下功利心，潜心做自己喜欢做的事，也利用教练这门学问为世人做点有价值的事，此生无憾，足矣。

# 关于 MCC 头衔

　　自从获得 MCC（大师级教练）认证，很多人表示很羡慕，问我有何经验，我总觉得这哪有值得炫耀的经验啊，低头赶路而已。

　　其实我也问过自己，这头衔于我是什么？我很欣喜自己的回答是：我看到了自己在教练领域确实努力了，而且在一小时又一小时教练时数的积累下，因为没有放弃而触摸到了这门学问让我着迷的影子。至于其他人怎么看，不重要。

我把每次获得的认证资格徽章都收藏起来，
就像集邮，集了 15 年，总算集齐了。

记得我的督导在恭喜我获得认证时告诫我："客户并不在乎你是什么 CC，更在乎你有多在乎他。"我一直记着。

最近听很多教练说"我才不考 ACC，我直接考 PCC（专业级教练）"，我感到惋惜。因为这种自我挑战的想法里有功利心。大家都明白我们总教育新员工"从基层做起"，怎么到了自己就不灵了呢？每个阶段我都经历了，如果没有考 ACC 时的彷徨、迷茫，也许就没有我后来的踏实和喜悦，其中最现实的磨炼就是考 ACC 时找有价值的陌生客户的能力。督导过程中，我发现现在有些 ACC 的实力远超某些 PCC。

至于很多人问我当 MCC 教练后有啥不一样的感觉，我发现，与当年获得 ACC 时的我比，我确实有很多的不一样了：

1. 渐渐明白好教练首先是把自己活出教练状态来，包容心大了，更容易看到深层人性，更容易感受到他人内在的深层渴望。少了傲慢，多了对每个生命的敬畏。

2. 看待人和事更加流动了，不固执于一时的存在。

3. 更能看到为客户承托的力量，更多关注与客户的内在联结与互动，不拘泥于某种形式的对话或提问。

4. 总算知道客户"自我负责"的含义了，不再以一次教练的表面结果而自责了，能接受客户当下的任何状态，并静待花开。

5. 总算真的感受到了"任何信息都是资源"的含义了。

6. 总算感受到了"相信"的巨大威力。

7. 慢慢从"知道"到"做到"了。

一切都在路上，探寻学问的真正意义并付诸实践是我从事任何职业的执着，至于什么头衔，不会很重要，是否值得骄傲，自己内心知道。

第八辑··教练感悟

活着，
是为了体验万事万物，
但有时会迷失，
所以总问自己，
这重要吗？

我很喜欢荷花，它透着
一份清凉与高雅。

▼
▼
▼
▼

# 为生命而活

人活着有三种精神层次。

第一层次是为生存而活，似乎这是人活着的基本层次。在此层次人们会努力奋进，物质所求大于精神需要，生活中永不满足，充满竞争与物欲，会因一时得失而陷入焦虑。生活在此层次的人不会以物质的多寡而停下对物欲的追逐，恐惧与焦虑是人生底色。

第二层次是为生活而活，在此层次活着的人享受自我活着的过程，强调安在当下，体验自我存在的感受，在环境变化中努力寻找自己的位置，按照自己预设中的生活状态努力，时而因安在当下而满足自乐，时而因怀疑自我价值而失落，也会因怀疑存在的意义而空虚无聊，或因与世界联结的疏远而恐惧。

第三层次是为生命而活，自我存在的意义在于大系统当中的意义，自我价值实现与系统的生长与平衡紧密联系。所置系统越大，人生意义越大。在此层次的人会常问自己：我来世间一趟，带着什么使命而来？服务于他人、世界万物的同时实现自我存在的价值。而自我存在的生命力也因为归属于大系统而得到壮大。系统不息，生命力不减，因此也就生生不息，不在乎得与失，没有了存与亡，自己的生命力在系统的平衡中得以永恒。

就如水滴归大海，当一个人活在生命层次，他的世界里有自己、有他人、有世界。系统滋养他，他为系统而存在。即使是在此生命层次，为自然和谐而存在、为人类幸福而存在、为民族兴盛而存在、为企业团队成长而存在、为家庭幸福而存在、身边人因我而更美好，都是为了自我生命价值的实现。此时"无我"，实则"系统是我，我是系统"。

失去、分离、消亡总是痛苦的，但却也正是重生的起点。宇宙系统，生生不息，总在消失与重建、失去与得到之间演绎着生长与进化。

我是系统中的一分子，没有得，也没有失，只是在系统平衡中起起伏伏的一片叶子，因此"应无所住"是心最好的归宿。

为生命层次而活，得到系统的祝福，与整个系统联结在一起，生命的意义变得壮大，不会因自我得失而失落，也不会因贫富而焦虑，心中的使命像永恒的太阳，平静而有力量，温暖着自己和世界。消亡也就代表了重生，在系统中生生不息。

其实每个人都会在此三个精神层次中游走，只是在不同的阶段有不同的状态，审视自己，常在哪一层次中？当我们不快乐时，我们把自己置于哪一层次中？

▲
▲
▲

▲

# 大自然的灵气

今天在森林里走，感受着大自然的清新气息，很美很美。大自然中的一切按照自己的方式存在、成长，自然天成，绚丽多彩，生机盎然。我想，如果天性充满灵气的人们，也能自然无为、淋漓尽致地做自己，也可以得天地之灵气的。

▼
▼
▼
▼

# 遇见真实的自己

在我的教练生涯里，常常听到的是做"真我"的期待。人们经常会被各种内在的声音所束缚而不自知，却到处寻找"做真实的自己"的答案。

我在想，如果一个人完全地打开内心的各种禁锢，粉碎那些不属于自己世界的束缚，全然地相信自己，相信这个世界，他的世界将会是怎样的世界？

这时，我想到了自己。

对比过去的自己，我觉得最近自己的学习力强了很多，好像体验到了一种前所未有的领悟力，原来很多似懂非懂的东西似乎一下子有了答案。突然觉得过去的自己浪费了好多时间，总怪自己太笨，很多想学的领域一直无法进入，或者花了九牛二虎之力依然原地踏步。回想大学时的自己虽万分努力，却学得艰难重重，一败涂地。这种状态自从大学时期一直延续到最近几年，虽然也做到了不少事情，也得到了很多的荣誉，内心对自己的怀疑却依然挥之不去。但最近却对很多东西都学得津津有味，不管是教练技术还是文学、哲学、音乐和书画，虽然自知只是略懂皮毛，但都兴致勃勃，好像毫不费劲，也不再在意他人的看法，感觉自己好像突然打开了一扇智慧之窗。于是我很纳闷，在我身上究竟发生了什么？内心似乎有一个声音：是我终于相信自己了！

因为这份相信，我无所畏惧，不在乎得与失，也不再以他人的标准来束缚自己了。因为这份相信，我几乎打开了我所有的"毛孔"，去迎接我所感兴趣的世界，内心更多的声音是"这是什么"的好奇，不再有"我行吗"这样的怀疑。因为这份相信，我的内心宁静、纯粹，不再限制自己的喜悦，也不再禁锢自己的忧伤，自由地在自己的世界里遨游。莫名其妙地多了一句口头禅"so what！"因为这份相信，我敢于感受自己当下的每个体验，也相信自己随之而来的直觉与灵感。一切都是流动的，一切也都是自然的。我的精神里有了边界，有了允许，有了安定，有了流动，身边的事物与我有了联结，甚至看到石头都觉得它是有生命的，可以与我对话。我意识到，因为我相信了自己，我的灵魂被松绑了。

经历了才发现，一切的束缚都是自己给自己的。几十年来的害怕、焦虑、自我否定都是无聊至极的自我想象。他人也没有那闲工夫给我束缚，是我太把自己当回事了。

来这个世界走一趟，何不撒开腿在大地上尽情狂奔？我觉得，当我们相信自己，做回真实的自己，世界都会为我们鼓掌。

写完，看到这盛开的莲花，心中一片澄静……

## 走出舒适区
## 才能看到更强大的自己

每次晚归，我都习惯看着灯光灿烂的城市，俯视下去，尽收眼底，想着有时不是天地不够大，是我们的心胸不够大。我们总是更愿意待在舒适区，于是总要用力让自己待在舒适区，怕失去，恐惧未知。

恐惧源于安全的需要，我们会自然地抗争与不接受。只要我们完全安在当下，并接纳自己和世界，恐惧便会减少。

其实走出舒适区才能看到更强大的自己，在恐惧区内边恐惧边奋力前行，便会看到越来越真实的自己。未必有预期的结果，但却经历了未知的自己，这不也是精彩人生吗？

小时候，我经常把这石墩当作马骑，想象自己在原野上驰骋，转眼已半百……

# 一片叶子的旅程

　　记得外公说过，人来到这个世界上，就像一片叶子，有萌芽的稚嫩，有茂盛的青翠，也有秋风中的金黄，还有落叶后新芽的孕育，周而复始，造就了大自然。一个人，如同一片叶子，不管长在高山之巅，还是水池旁边，都一样受大地的滋养，也滋养大地。春夏秋冬，每一天都经历着阳光雨露，风吹雨打，自然地在那儿长着，直到叶落。

　　看风轻云淡，闲庭信步，迈入人生旅途下半场。

# 人生平衡

　　教练工具"平衡轮"也称教练"曼陀罗"，有神奇之轮之意，意在探索达至期待结果（如人生目标）的"平衡"。当人与世界达到平衡，奇迹会出现。这种平衡相当于系统各因素平衡，不能顾此失彼。

　　平衡不一定每一方面都是同分或满分，而是合理、协调。一切事物均会有长短，阴阳互补，在变动和不平衡中流动达至理想的平衡。这正如一段乐章，有高低音与起伏的和谐也是平衡，不一定总是一样的音高。一个关键因素的改变会牵动其他因素的改变，这种持续的变化也是平衡的过程。同样，在追求期待的结果或某种人生境界时，各因素的平衡不等于相同，因阶段而有先后轻重，互为支撑。需要把"平衡"放到更长的时间线和更宏观的高度上看。但很多人只看到一时的得失，并以此来论自我的成败。这是忘记了从整体系统的角度来看待平衡了。

　　平衡轮让人看到各方面的当前满意度和期待之间的差别，也可以看到整体平衡需要改变的关键点和突破点。它是追逐最佳平衡的视觉图，可以让人调用感官系统特别是视觉系统直接获取内心的潜意识，更直接地感受和探索真正属于自己内心的平衡，因此叫平衡轮。

　　某年冬天，莽山云雾缭绕，初雪覆盖了原本郁郁葱葱的青松，寒风中的松树依然屹立。放眼远眺，山河壮丽，感慨人生也是一样的，春夏秋冬各领风骚，任何当下都是最美的时刻。

# 巨变下的 "底气"

因为新冠肺炎疫情，最近听得最多的话题是"如何面对变化"，我好几位企业家客户都面临着巨变带来的压力。当教练过程涉及这些议题时，我反而更关注的是他们在环境变化下的"底气"。因为我发现有底气的客户和没底气的客户面对巨变时的思维方向很不一样！

我常记得一句话"鸟儿不怕树枝折"。变幻莫测的环境只是它们停靠的一点支撑而已，如果翅膀够硬，任何变化也阻止不了它们依然在蓝天翱翔。一个人、一家企业的"底气"和这个有相似的道理。

可是我们的翅膀是什么呢？也许是适应时代需求的能力，比如专业、产品转型的能力；也许是应对变化风险的基础实力，比如有足够支撑的财富；也许是任何其他人都取不走的自我领导力品质，比如永不言败的品质、宏观系统的战略思维能力等。哪怕这些都没有，至少快速学习的能力能让我们无所畏惧。

每个人都有自己独特的适应变化的能力，但是否被发展成为自己的"翅膀"，只有自己知道。如果这种能力的发展也依托于外界的提供，或者环境的迁就，那就太可笑了。我觉得发展这些"底气"，都是自己的事。如果因为变化带来痛苦，那是自己一直没有积累这种可以成为"翅膀"的底气。这种痛苦在逼迫我们改变，如果还是不改变，那就等着消亡。"物竞天择，适者生存"是事物发展的规律。

还有一种可能，就是可以飞起来，但内心对于"失去"耿耿于怀，挥之不去。这样的痛苦是活该！

职业生涯分为内职业生涯和外职业生涯。外职业生涯是企业、环境所给予的，如职位，变数太多，说变就变。内职业生涯是我们自己的"本事"，任何其他人和企业都取不走的，如个人能力，是在变化环境下我们的"底气"。在遭遇环境巨变前，我们为内职业生涯的发展积蓄了什么样的能量？

当然，在大型企业工作的人往往把企业的能力看成是自己的能力，误把外职业生涯当作是内职业生涯，面对残酷的现实变化时会很痛。

变化是社会发展的源泉。不管我们认为是有利于我们或有害于我们的变化，都在推动历史发展。如果我们感到痛苦，那是应该的，因为改变常常意味着失去。可是当我们有"底气"，这种"失去"带来的就是"重生"！"底气"就是不倒翁的底座。

如果我们自己在变化前没有了"底气"，那能怪谁呢？

▲
▲
▲

▲

▼
▼
▼
▼

# 定能生慧

当我们知道或决定要去哪里，"定"已经在我们心中，然后安在每一个当下，全力以赴走在路上，所有的内外干扰都只是经历。

今天阅读时，想起海灵格先生的《这一生为何而来》一书，内心泛起一阵感动，问自己，"今生我为何而来？"虽然答案模糊，但想起自己在教练路上的奔走，虽有过很多的困惑、痛苦和迷失，依然义无反顾，内心并不迷茫。似乎我一直在追逐与生命有关的课题，当知道自己为什么而奔忙，即使再多的磨难、困苦，内心依然笃定而平静。在教练过程中，我遇到过很多关于迷茫与纠缠的议题，很多时候都是因为自己内心不知道什么是最重要的，或者想要的太多，被眼前的各种现象所迷惑，不自觉地被当下未被满足的事情所缠绕，于是迷茫、痛苦。

也许我们都经历过无数人生的起伏，最无助的时候一定是自己不知道该往哪里去的时候。无助也许是因为留恋早已失去的过去，或者担心未知的未来，面对他人对自己的期待和要挟手足无措，也有可能是对自我的怀疑，或者对无法控制的恐惧。当我们决定了要去的方向，并且专注而坚定地奔向自己想要的结果，这一切的干扰都不再重要。

当我们迷茫时，可以问自己"什么是最重要的？"答案只有自己可以回答，其他人也没有资格告诉我们答案。找到了答案，内心的笃定才会出现。

人生方向如此，职业困惑如此，人与人的关系也如此。

　　当然，"什么是最重要的"与每个人的价值观相关，也与当下所面临的事情的结果带来的意义相关。"什么是最重要的"还与一个人在每个阶段、每件事中的使命召唤、角色定位有关。

　　比如我们常说的"回到初心"，从根本上看，我们究竟为了什么而做？这里面也许是使命愿景，也许是具体意义的追求。当一个人知道自己追求的使命是什么的时候，他就不会再计较一时的得失，或者物质的多寡，而是享受精神追求的境界。回到初心，我们便可知道我们是否在对的路上。当确定了，人的内心就定了。那是一份强大的系统力量的支撑。

　　在人生中或者在一件具体事情中，确定"我的角色是什么"很重要。自我角色确定了，所有的视角都会不同，我们会更加清晰地知道自己的行为和追逐的东西是否在对的路上。说得通俗些，就是当我们知道自己是谁的时候，我们内在的"定"才会出现。

　　我们常常聚焦于事情应该怎样做，并因此而焦虑、迷茫。其实主宰着我们内心的是事情背后隐含的价值追求、角色追求和精神追求。当我们在苦苦寻觅笃定的状态时，问自己：什么对我是最重要的？我要确定的是什么？

　　就如不倒翁的底座，有了这份确定，任何事情也就有了方向，一切智慧也就随之而来。"定能生慧"也许就可以体验到了。

# 给自己一个空间

昨天教练时，客户告诉我，她体会到了给自己心里一个空间的喜悦。我知道她是工作中的"超人"，几乎是长期全身心投入到工作中，效率、目标成果对于她非常重要。但正因如此，她常常忘掉了自己，内心总是体验不到当下的喜悦感。我也感觉正因如此，她所珍视的人与人之间的"联结"难以满足。甚至当我问及她的感受时，她也无法准确表达。这是一直把自己的大部分内在能量向外投入的结果。我想，很多职场中人也会陷入这种无法感知自己的状态，因为他们被自己的责任感、目标感捆绑了。彼时就像在拥挤的地铁站里被人群推着往前挪的状态一样，一刻也不能停，无法回到自己的内在世界，甚至无法体会过程中的快乐。

当一个人给自己内心一个空间，安抚早已被遗忘的自己，他会体会到那份内心的自由与放松，感受到在喧闹的世界里自己的灵魂总算回归到了自己的内在世界，就如一个只有呼气没有吸气的人，总算缓过神来为自己争取到喘息的机会一样珍贵。

给自己一个空间，也许是照顾自己的内心，回归内在自我的当下，平静而安定；也许是为自己安排一刻的庆祝，庆贺自己曾经的努力；也许是找回早已成为过往的童趣，体会到纯粹而快乐的自己；也许是放下背上的负重，陶醉于自己喜欢的事情，比如孩子或者艺术，甚至是允许自己发呆、放空。此时的自己是宁静的，是愉悦的，与外界发生的一切无关，只是与自己的内心、身体待在一起，内在自然升起一份平静的喜悦与生命力。

我常在想，我们不断努力追逐的意义是什么。当我们奔跑在路上的时候，我们全力以赴，要求自己不得有半点懈怠，以为只有把自己的一切都搭上，就可以达到意义的彼岸。其实内心是有一份恐惧的，惧怕自己无法做到自己或他人的期待，惧怕自己不够好。可是当我们放下那份恐惧时，往往发现世界仍然如常运转，自己并没有失去什么。

给自己一个空间，是需要勇气的，需要一份相信的勇气，首先是相信这个世界，这个世界其实会有它自己的规律，只有我们在柔弱而轻盈的时候，我们才能顺势而为，才能更好地创造我们想要的世界，否则即使我们得到了，也是强扭的瓜，不甜。

给自己一个空间，我们会变得更加敏锐，更有活力，一呼一吸之间创造出无限的可能，我们的世界也因此更加多彩。

有时我们会觉得自己不够好，因此用力，不允许自己的内心停下来，企图以力气弥补。那时我们忘记了我们是具足的，忘记我们天生就有学习的智慧。当我们允许自己冒险，允许自己做不到，反而可以释放出自己作为生命最灵活的部分。当我们完全绽放，我们将无所畏惧，奇迹便会出现。敢于相信自己，只是一个冒险的决定，失去了，又怎样呢？说不定因此会看到不一样的自己。

给自己一个空间，我们才能在奔跑的路上感受到活着的愉悦，才能看到、感觉到路边的鸟语花香，才能真正与自己所在的世界同在，才能顺势而为。可能最终我们得到的不一定是我们以为的结果，但一定是比"我们以为的结果"更精彩！

一幅国画，需要留白。

一间房子，需要空间。

一片森林，需要湖泊。

一个人的内心，需要自己的空间……

▲
▲
▲

▲

# 选择与自由

自由，是选择的能力，当然，也是一种选择的意愿。当能力不足，选择的空间小了，也就是能力够不着自己的梦想时，我们往往会觉得自己的自由被剥夺了。在教练过程中，我有时会问"当你的能力足够大，你会有什么更大的可能？"这时往往可以看到限制人们的是自己的能力，而不是他人或环境。

所谓自由，我认为就是按照自己的意愿选择的权利，包括生活方式、职业、人际关系等。这与我们的能力和价值选择相关。打个比方，当一个人可以从 1 楼到达 30 楼。他可以自由选择待在 1 楼还是 30 楼，他的自由就是 1 楼到 30 楼，但如果他的能力只够得着上 3 楼，那他的自由就只是在 1 楼到 3 楼。很多人的痛苦是能力只在 3 楼，埋怨环境没有给他上 30 楼的机会，却不会看到自己是否有哪怕是上 10 楼的能力。

当一个人有能力住五星级酒店，而选择露宿街头，这也是自由，因为他有能力选择。但如果一个人只能露宿街头，连路边通铺客栈都住不起，但心里想着无法住五星级酒店的痛苦，那他会感觉自己是没自由的。

很多想当教练的人是想过上自由人的生活，想着什么都可以自己做主，在美丽的莱茵河畔享受阳光，过着一天一杯咖啡一本书的日子……我想是可以的，只要能力够得上。

所以，想得到自由，先别怪外在因素限制了自己，得先想想如何让自己的能力够得着自己的梦想。

是否感觉自由，除了选择的能力，还有内心的欲望与价值选择的因素。如果我的欲望只是上 3 楼，我就在 1 楼和 3 楼游走，那心里不会觉得不自由。这需要我们放下很多不重要的欲望。

很多客户埋怨自己的职业如何不如意，总告诉我"不得不"，很无奈的样子，于是觉得自己与自由无缘。每当此时，我会说"这是你的选择"，"既然这么难受，为何不离开？"有人会告诉我一大堆他不离开的理由，比如安全感、金钱、人情等。我们选择了，却又埋怨自己的选择。我们选择了当下最重要的"安全感、金钱、人情……"明明是自己的选择，却又埋怨这种选择。其实是忘了自己是有选择的自由，只是自己已经在潜意识中选择了当下认为最重要的。如果另外的价值更重要，那就要问自己："什么对我是真正最重要的？"

内心，是无法被别人控制的。所有的决定，都是自己的选择。所以，我们天生就有自由的条件，只是我们的关注点出现了偏差。没有绝对意义上的自由，因为我们有太多的欲望。内心的自由，才是真正的自由。内心的自由，与自己是否有选择的能力有很大关系，还与自己清晰自己最重要的是什么有关系。一个人，哪怕是被捆绑住了，内心依然可以是自由的。没有人能限制我们内心的自由。

# "受"比"施"需要更大的勇气

教练时，客户谈到一些现象：借钱给朋友，后来不要朋友还，朋友反而变成陌生人；在全家人的溺爱下长大的孩子，往往不懂感恩；自己无条件帮助过的人，反而与自己的关系越来越远……我说："那是因为人们用付出剥夺了他人的价值感，受比施难多了。"

对于很多人来说，付出是很容易也很热衷去做的事，可是接受却是很多人难以做到的，因为"受"比"施"更需要勇气，可是"受"是能让他人感受到力量与价值的事，而且只有"施"与"受"平衡了，人与人之间的关系才会更好，"施"的意义才会得到升华。

无条件地付出，很多人都能做到，不管是出于爱心还是帮助他人之心，人们都感觉到自己的"存在感"和"价值感"。因此，付出是相对容易的。我常常感激那些接受我帮助的人，感激他们对我的信任，感激他们让我觉得自己被需要，也许这就是人们常说的"存在感"。

但当需要接受他人的帮助或者馈赠的时候，我们却需要鼓足很大的勇气，我们常常说"不用啦！""我不需要！"等推脱之词，内心也想着尽量不麻烦别人，这似乎是美德，却不知是伤了对方的心，因为没有给他人付出的空间和机会，其中隐藏着"我不需要你"的心理暗示。

接受他人的付出，是给予他人"价值感、被需要感、存在感"等的机会，是让他人感觉"我重要"的最好时机。当付出与接受不平衡时，接受一方会有愧疚感，这种愧疚感就是否定自我，就是对施予者的疏离，甚至愤恨。只有接受的一方接受后能做出相应的付出来平衡，并且这种付出被接纳了，接受的一方内心才会接纳自己。

我们无条件付出时的"被需要感"，接受者同样也有。接受，是让对方内心平衡，而我们的接受，还有赋予他人自我价值感的意义。

试想一下，当有人对我们的"滴水之恩"来一个"涌泉相报"时，我们不接他人的"涌泉"，他人会是什么感受？

付出后，大胆地接受回报；接受后，大胆地给予回报：让每个人都感受到自己的价值，这是系统的平衡法则。不要用"爱"的名义剥夺了他人的"存在感"和"被需要感"，这个法则同样适用于父母和孩子之间。

▲
▲
▲

▲

# 感恩贵人

今天与儿子谈起我创业初期的贵人，应该说是恩人，我至今历历在目，心怀感恩。一路走来，好多的人无私地为不起眼的我付出，没有理由，只是付出和关爱。多年过去，那一句话、一杯羹、一个鼓励的眼神，如此珍贵，无法忘怀，虽无表达，但心里珍藏。在自己无助的时候，在自己想放弃的时候，那些温暖的双手，那一个个坚实的肩膀，都是我人生中最难以忘怀的。

创业艰难，对于我这种上了岁数、从大企业温室里走出来的创业者更难。今天，也许我已经有了自己的路，不管好坏，毕竟能走下去了，可是，对这些人的记忆，串成了我的人生故事，毕生难忘，常在心里感恩。哪怕有些人因为误解，已对我心生怨气，我仍始终感激，没有他们，就没有我的今天。对于大多数的恩情，我已经无法回报，只有把他们那份无私的爱传承下去。感恩贵人

> *"He who has a why to live for can bear with almost any how"*
>
> —Nietzsche
>
> 一个人知道为什么而活，他就能忍受任何一种生活。
>
> ——尼采

## 后 记

# 写给今天的自己

　　我难以想象自己未来有一天故去后，自己会是怎样的，这个世界是怎样的，因此不去想了。只是从过半百开始，我就很想抓住一些东西，总觉得时间很紧，太多太多的事情想做、可做。常常后悔以前的自己怎么就把这么珍贵的时间浪费在无谓的东西和事情上呢？因此，每天都疲于奔命，狂奔于事业和生活的旅途中，于是觉得自己"贪""嗔""痴"样样齐，也没有"活在当下"。可是我就是这样子偏执地、一天又一天

地"贪嗔痴"下去。我发现自己没有达到修行人的"悟"的境界，就算是我一直期待的"无为"的境界也只是用来体验世界的途径。所以觉得自己距离"修行人"还有很远的距离。但不知道为什么，我却感觉自己比以往任何时候都活得更加真实，通俗一点说是痛并快乐着。

就这样，我的内心时而翻江倒海，时而风平浪静。人生路上，我与形形色色的人相遇，千人千面，面对千奇百怪的挑战，欣喜与焦虑交集。生活，就这样奔向逐渐老去的岁月。别人看我也许会赞许我事业小有成绩，也许可怜我的劳碌命，但那都是别人以为而已，我好像只是为了赶路而赶路，没想过其他。

很多人问我图啥，其实我也不知道图啥，只知道我这样可以与每

2020年我的生日，太太陪我到海岛上度假，深夜忽遇台风，狂风骤雨，惊涛骇浪。第二天傍晚，雨过天晴，太阳染红了天空，蔚为壮观。太太急忙用相机记录下来，慨叹人生亦如此。

（孙杏文　摄）

一个哪怕只是擦肩而过的人彼此会心一笑，如果有缘，同路同行一段路，彼此温暖慰藉，如此这般，已经很好了。有时候我还真的很想分享我的所思所想，也很想听听每个人的故事，就像唠嗑，感觉心与心在一起，这就是我的生活欲望。我一直知道"幸福不是必然的"，抓到一点算一点。

我知道每个个体都很渺小，所以认为傲慢的人好可笑，削尖脑袋计算他人并以胜者自诩的人也很可笑……其实每个人都是绝顶聪明的，谁能骗谁？

但每一个人也很重要很重要，因为生命有限，能在生命力旺盛的时候尽情做自己，尽情与他人共舞，享受太阳下五彩的世界，最好还能为他人贡献点什么，那此生也就值了。所以，这个渺小的自己对自己来说很重要。否则自己是否曾经活过也不知道了。

有朋友问我"人是什么？"我说"我也不知道"。何必去想呢，活成自己想要的样子就已经很好了。但很多人是在按照别人眼里的自己活着呢。如果这样，当我们离开人间时不是太不值了吗？

此刻身体有些抱恙，寒夜里的海岛狂风大作，似有鬼哭狼嚎，于是我胡言乱语一番，只是记录下自己心里当下的痕迹。

叶世夫

书于 2021 年